# 電子レンジで簡単おいしい！
# バラバラ家族のぬくもりごはん

料理家・フードビジネスコンサルタント　坂口もとこ

ダイヤモンド社

おつかれ
じぶん♡

プシュ

## 残業・テレワーク

残業帰りのひとり晩酌、テレワークの孤独ランチ、どんなときでも食事では、英気を養っていただきたいです。いつもお疲れさまです!

## 時間がバラバラ!
## 好みがバラバラ!
## 家がバラバラ!

## 主婦(夫)ランチ

自分だけだと思うと途端に面倒になる食事作り。つい残りもので済ませがちですが、それも限界がありますよね。

## ひとり暮らし

「カレーを作ったら3日以上食べ続けないといけない」悩みにさようなら。カレーも煮ものも、1人分だけおいしく作れます。

### 高齢の親

年とともに火の元の心配もあり、料理がおっくうになるのは当たり前。栄養不足が心配になりますが、電子レンジで問題はほとんど解決します。

# でも愛はある、それが"バラバラ家族"!!

### 子ども

塾や習いごとで時間が合わない、アレルギーや好き嫌いでメニューの幅が狭いなど悩みの宝庫。でも今が正念場、逃げきりましょう!

### ダイエッター

メタボで医師に叱られた、ウエストサイズが気になる、筋トレでボディメイク中など、「家族一緒の食卓でも別メニュー」はトレンドかもしれません。

# ごはんがバラバラだって、
# わが家は大丈夫!

家族全員がそろって囲む楽しい食卓——。

それは理想かもしれないけれど、現代の家族を取り巻くのは「共働き」「残業」「リモートワーク」「塾通い」「習いごと」「バイト」「介護」……。**ライフスタイルがどんどん多様化**しているなか、みんなそれぞれ忙しくって、家族団らんなんてムリ! 時間がバラバラなのに加え、好みもバラバラ。「家庭内個食」は今や当たり前の時代です。

**とはいえ、「個食」ってそんなにいけないことなんでしょうか。**

確かに家族ひとりひとりが別々に食べる食事は、メニューが限られる、温め直しなど手間がかかる、食費もかかる、栄養がかたよる、なによりおいしさが半減……と、作る人にとっても、食べる人にとっても悩ましいもの。

でも「個食」が当たり前なら、「個食」を**もっと手間なく、おいしく、栄養たっぷりの楽しい食事**に変えていけばいいのです。

この本は、**家族がバラバラだって前向きに、ちょっとの工夫とアイデアでみんなが楽しめる食事作り**を応援するレシピ集です。

強い味方になってくれるのはやっぱり電子レンジ。だれでも簡単に使えて時短も実現、栄養も逃さず、ついでに後片づけもラクチン! ひとりひとりに温かくておいしい食事が思いのままに作れます。

**忙しい人も、食べ盛りの子どもたちも、料理が苦手な人も、おひとりさまも……。**みんなが大満足のレシピがきっと、見つかります。

# この本の
# 4つの特徴

## いただきます！まで、ほぼ「15分」

素材に短時間でしっかり火を通すことができる電子レンジをメインに使うから、時短調理が可能。忙しい人にもおすすめのスピード調理が実現します。準備から15分もあれば、ほかほかの主菜を食卓に運ぶことができる！

レシピはおもに1人分で、好き嫌いなどで同じものが食べられない子どもや高齢者の分を別に作るといったケースにも、対応できます。

## だれにでも作れて「失敗なし」

電子レンジなら、火加減などを気にすることもないし、難しいテクニックも必要ありません。

基本的には、加熱時間をセットして、スタートボタンを押すだけでOK！

下ごしらえだけして冷蔵庫に入れておけば、あとは食べる人が自分でチンなんてことも可能です。

## バラエティ豊富なメニューで「大満足」

主食から主菜、副菜、スイーツやパンまで全部で71品。定番の和食、洋食から中華、エスニックまで網羅した、作りやすく食べやすい、家族によろこばれるメニューをたっぷり紹介しています。

素材は、スーパーで手に入れられる食べ慣れたものばかり。マンネリにならないよう、基本以外の調味料もいくつか登場しますが、上手に使いこなせるレシピになっているので、ぜひチャレンジしてみてください。

## 電子レンジならではの「工夫」

電子レンジの特長を生かし、素材のおいしさを最大限に引き出す調理の工夫をしています。

たとえば、均一に火を通せる野菜の切り方、やわらかな食感をキープする肉の下ごしらえ、魚の臭みを抑える調味料使いなど、何度も試作を重ねた安心のレシピを紹介しています。

CONTENTS ⋮ バラバラ家族のぬくもりごはん

## PART 01　ひと皿で大満足！ ごはんと麺 ......... 16

## PART 03　もう一品! というときのサブおかず ———— 74

余熱でしっとり、ふっくら。
鶏ささ身で作るから、グッとお手軽な
### バンバンジー ———— 75

お弁当にも役立つごはんの友。
おいしくて体にやさしい
### さばそぼろ ———— 76

野菜たっぷりの"飲むサラダ"。
ビタミン豊富でなんだか元気がわいてくる
### ミネストローネ ———— 77

え、こんなのがうちで作れるの?
缶詰より断然うまい
### 自家製ツナのオイル漬け ———— 78

ほっとする味の常備菜。
包丁、まな板、使いません!
### ひじき煮 ———— 79

小松菜と油揚げの相性のよさは格別。
冷めてもおいしい
### 小松菜と油揚げの煮びたし ———— 80

煮汁を含んだとろとろなす。
あつあつでも、冷やしてもおいしい
### なすの煮びたし ———— 81

お弁当にも便利なTHE常備菜。
飽きの来ないおいしさの
### ほうれん草のごまあえ ———— 82

じゃがいもの加熱はレンジの得意分野。
粒マスタードがきいたおつまみサラダ
### 大人のポテサラ ———— 83

ほっこりした甘さがうれしいひと品。
シンプルだけど奥が深い
### かぼちゃの甘煮 ———— 84

彩りのいい万能副菜。
韓国風だけど、どんなおかずにも合う
### 3色ナムル ———— 85

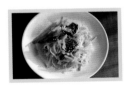

## PART 04　ほっこりスイーツとふわふわパン ———— 86

家にあるものばかりで作れちゃう
失敗なしのレンジケーキ
### なめらかチョコケーキ ———— 87

生地の主材料は3つ。
シンプルイズベストな
### なつかしプリン ———— 88

朝食、おやつに最適。
ふわふわ食感がたまらない
### フレンチトースト ———— 90

いつかは本場で!
それまではお手軽レシピで
### 台湾風豆花 ———— 91

いつかは手作りしたい人に。
極限まで手間を省いた
### こねないパン ———— 92

※野菜類は特に記載のない場合、洗う、皮をむくなどの作業を済ませてからの手順を説明しています。

## ▶▶ 調理を始める前に

**電子レンジやオーブンを使って加熱するときは、以下の点に注意してください。**

■ 耐熱容器が浅いと吹きこぼれる可能性があるので、必ず深さのある容器を使ってください。

■ 電子レンジの加熱時間は600Wを基準にしています。お使いの電子レンジやオーブン、耐熱容器などにより仕上がりに差が出ることがありますので、加熱時間は目安と考え、加熱が足りない場合は様子を見ながら10～20秒くらいずつ追加加熱してください。

■ 水分量や素材の大きさなどにより加熱ムラが出ることがあります。できるだけレシピ通りの分量、切り方通りに作ってください。電子レンジのオート加熱機能は使わないでください。

### ● 電子レンジを使うとき

・耐熱性のあるプラスチック、シリコン容器、ガラス容器、陶磁器などを使用します。必ず「電子レンジ使用可」「耐熱温度140℃以上」のものを使用してください。
・電子レンジで使えるふたがない場合は、耐熱温度140℃以上のラップをふんわりとかけて代用しましょう。
・金彩、銀彩のある陶磁器や金属製、ホーロー製、木製、紙製など、耐熱性のない容器は使えませんので、使用前に必ず確認してください。

### ● オーブンを使うとき

・「オーブン、グリル使用可」の表示があるプラスチック、シリコン、耐熱性のあるガラス、ホーロー、陶磁器、金属製の容器を使用してください。ただし、耐熱性のないプラスチック製、木製などの持ち手、取っ手などが付いている容器は使えません。
・ふたが必要なときは、アルミホイルをかぶせて代用しましょう。ラップは使えません。
・木製、紙製の容器は使えません。ただし、オーブンシート、ケーキ用型紙などについては、耐熱温度以下で加熱する場合は使用可能です。使用前に必ず確認してください。

### ● 電子レンジ・オーブンともに使える容器が便利

　この本のレシピは、電子レンジ・オーブンともに使えるふたつきの耐熱容器「グルラボ（大容器・幅18.8×奥行16.7×高さ8.9㎝）」（岩谷マテリアル製）を使用しています。
※ふたはオーブンでは使えません。
https://www.gourlab.com/

## ▶▶ 必要な調理器具

耐熱容器以外に使用した、おもな道具類です。

### 計量スプーン・計量カップ

まずはレシピ通りにしっかり計量することが、おいしい料理を作る一番のポイント。調味料や水分をはかるのに、スプーンは大さじ（15㎖）、小さじ（5㎖）の2本を、カップは1カップ（200㎖）のものを準備しましょう。ステンレス製、プラスチック製など、どんなものでもOKです。

### はかり

こちらも素材の重量をはかるときに大切です。数字が見やすいデジタルばかりがおすすめ。ボウルなどをのせて数字を0にリセットすれば、手軽に、正確に重量をはかることができます。

### ゴムべら

お菓子やパンを作るとき、生地を混ぜるのに必要です。またボウルに残った調味料をムダなく移したりするときにも便利。

### 菜箸

混ぜる、上下を返す、盛るなど、調理全般に登場します。包丁やまな板と合わせ、基本の調理道具としてそろえておきましょう。

### ざる

材料の水けをきる、液体をこすといったときはざるが便利です。ボウルの大きさに合わせておくと、重ねて使えます。

### ボウル

調味料や材料を混ぜる、生地を作るときなどに使うボウルは、大小2個あると便利です。ステンレス製やガラス製のものが洗いやすくておすすめです。

### 泡立て器

溶き卵や合わせ調味料を作るとき、お菓子の生地作りなどに便利な泡立て器。むらなく混ぜることができます。ボウルの直径や深さに合う大きさで、手になじむものを使いましょう。

# 電子レンジでできる
# カンタン炊飯と
# 下ごしらえ

## [1] ごはんを炊く

　1人分のごはんを毎回炊くのは面倒だけど、やっぱりごはんは炊きたてがおいしい！ それなら手軽な電子レンジ炊飯がおすすめ。

　1合分がちゃちゃっと炊けて、毎食おいしいほかほかごはんが食べられます。

**材料**（1合分）

米 … 1合（150g）
水 … 220㎖

### 1　洗って浸水させる

米は洗い、30分ほど浸水させる。水をきって耐熱容器に入れ、分量の水を注ぐ。

### 2　加熱して蒸らす

ふたをして電子レンジで4分加熱する。200Wに切り替えて14分加熱し、取り出してそのまま10分ほど蒸らす。

### 3　混ぜる

全体を大きく混ぜる。

## [2] サラダチキンを作る

そのままでおかずに、サラダの
トッピングやスープの具などに便
利なサラダチキン。家でも簡単に
作れます。

良質なたんぱく源として、ダイ
エット時にも助かります。

**材料** (1枚分)

**鶏胸肉** (皮なし)

… **1枚** (300g)

**砂糖** … **小さじ2**

**塩** … **小さじ1と½**

**酒** … **大さじ1**

### 1 砂糖、塩をまぶす

鶏肉は室温にもどし、フォークで
全体に穴をあける。砂糖、塩の順
に加えてすり込み、ラップで包ん
で室温に30分〜1時間おく。

### 2 加熱する

キッチンペーパーで水けを取り、
耐熱容器に入れて酒をふり、ふた
をして4分加熱する。

### 3 余熱で火を通す

取り出してそのまま10分ほどお
く。冷蔵庫で3〜4日保存可能。

＊厚みのある部分に切り込みを入れて厚さを均一にしておくと、むらなく加熱できます。
＊切ってみて赤みが残っているようなら、追加加熱してください。

## 〔3〕 蒸し野菜を作る

　蒸し野菜があると、そのままサラダにしたり、炒めものなどに加えたりできるのでとても便利。

　野菜不足の解消にもつながります。

### ブロッコリー

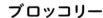

ブロッコリー1株(150g)は小房に分けて耐熱容器に入れ、塩ひとつまみを加えた水大さじ1をかける。ふたをして3分加熱する。冷蔵庫で4〜5日保存可能。

### さつまいも

さつまいも1本200gは皮つきのまま小さめの乱切りにし、耐熱容器にできるだけ重ならないように入れる。ぬらしたキッチンペーパーをかぶせ、ふたをして5分加熱する。冷蔵庫で4〜5日保存可能。

＊水分を補うことで冷めてもしっとりおいしい!じゃがいもも同様に加熱できます。

## 【4】 塩きのこを作る

　傷みやすいきのこは、塩と油を
まぶしてチン。
　肉や魚料理のつけ合わせにし
たり、汁ものやパスタの具にした
りと幅広く使えます。

**材料** (作りやすい分量)

**好みのきのこ** (しめじ、
　　まいたけ、えのきだけなど)
　　… 合わせて300g
塩 … 小さじ1と½
オリーブオイル
　　… 小さじ2

### 1 塩と油を混ぜる

きのこは食べやすく切って耐熱容
器に入れ、塩、オリーブオイルを
ふって混ぜる。

### 2 加熱する

ふたをして4分加熱する。

### 3 全体を混ぜる

全体をさっと混ぜる。冷蔵庫で3
〜4日保存可能。

# ひと皿で大満足！ ごはんと麺

何もしたくない日も、これさえあればおなかいっぱい

# 高価なかにはムリだけど、これなら財布も安心。なによりうまい

# かにかまで天津飯

レンジ1分30秒→30秒 満腹

材料（1人分）

かに風味かまぼこ … 2本
卵 … 2個
長ねぎ … 5cm

**A**
しょうゆ … 小さじ½
塩 … ひとつまみ

**B**
水 … 大さじ2
トマトケチャップ … 小さじ2
片栗粉 … 小さじ1
しょうゆ、酢、ごま油 … 各小さじ½
鶏ガラスープの素（顆粒） … 小さじ¼

温かいごはん … 適量

作り方

**1** かにかまは食べやすくさく。長ねぎはみじん切りにする。ボウルにBを入れて混ぜる。

**2** 耐熱容器に卵を溶きほぐし、長ねぎ、かにかま、Aを加えて混ぜる。

**3** ふたをして電子レンジで1分30秒加熱する。取り出してBをかけ、再びふたをして30秒加熱する。器に盛ったごはんにのせる。

**ふわとろ！　かに風味かまぼこで大満足**
レンジでこんなにふんわりとろ～りの卵料理ができるなんてちょっと驚き！　ケチャップあんも合わせて加熱時間はトータル2分。おなかをすかせた子どもたちも大満足の本格天津飯が味わえます。あつあつをごはんにかけて召し上がれ！

これこれ！　ほっとする甘辛味。
「おなかすいた〜」の10分後には完成する

# 親子丼

レンジ4分→1分30秒 ｜ 満腹 ｜ おふくろの味

**材料**（1人分）

鶏もも肉 … ⅓ 枚（100g）

玉ねぎ … ¼ 個

卵 … 2個

A ┃ みりん … 大さじ1
　 ┃ しょうゆ … 大さじ1
　 ┃ 砂糖 … 小さじ½
　 ┃ 和風だしの素（顆粒）
　 ┃ 　 … 小さじ½
　 ┃ 水 … ½ カップ

刻みのり … 適量

温かいごはん … 適量

**作り方**

**1** 鶏肉は小さめのひと口大に切る。玉ねぎは1cm幅のくし形切りにする。

**2** 耐熱容器にAを入れて混ぜ、1を加えてふたをし、電子レンジで4分加熱する。取り出して溶きほぐした卵をまわしかけ、再びふたをして1分30秒加熱する。器に盛ったごはんにのせ、刻みのりをふる。

**材料3つであっという間におふくろの味**

子どもたちは塾に部活にと大忙し。毎日のごはん作りもタイミングを逃すまいと必死になってしまいますね。そんなとき、卵と鶏肉、玉ねぎの3つがあればあっという間にできるみんな大好きお助けメニューがこれ。下ごしらえさえしておけば、あとは子どもにおまかせ！　なんてこともできるかも。

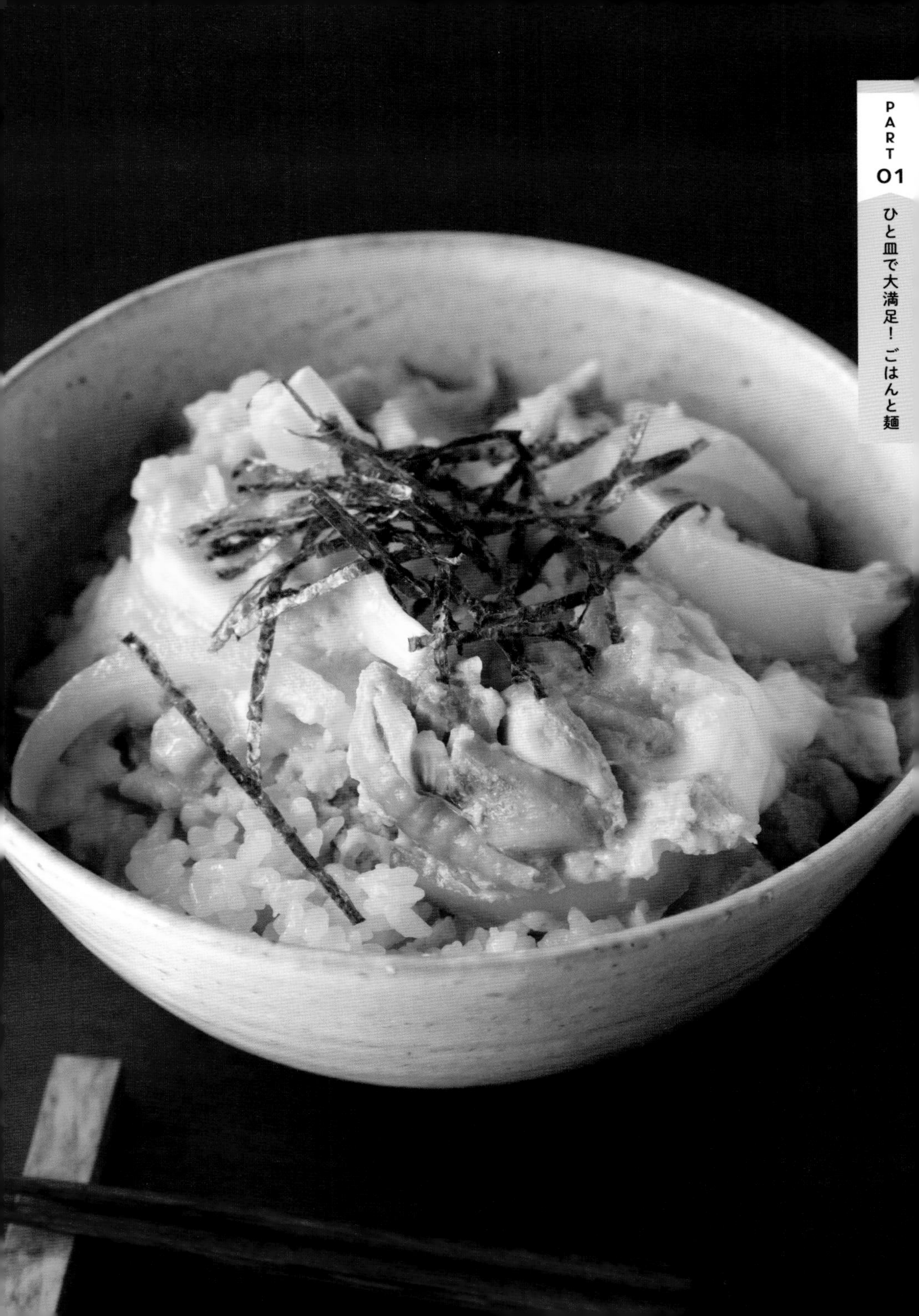

## おだしの風味がふわり。カレーうどんにも
## アレンジできる、おそば屋さん風の
# 和風チキンカレー

レンジ5分→5分　満腹

**材料**（1人分）

鶏もも肉 … 1/3 枚（100g）

玉ねぎ … 1/4 個

じゃがいも … 小 1/2 個（50g）

にんじん … 5cm（50g）

塩、こしょう … 各少々

小麦粉 … 大さじ1

カレー粉 … 大さじ 1/2

A
おろしにんにく、おろししょうが
　… 各小さじ 1/2
砂糖 … 小さじ1と 1/2
ウスターソース、しょうゆ … 各小さじ1
和風だしの素（顆粒）… 小さじ 1/2
水 … 3/4 カップ

温かいごはん … 適量

**作り方**

**1** 鶏肉は小さめのひと口大に切り、塩、こしょうをふる。玉ねぎは縦薄切りに、じゃがいもは小さめの乱切りにする。にんじんは薄い半月切りにする。

**2** 耐熱容器に **1** を入れ、小麦粉、カレー粉を全体にまぶす。**A** を混ぜて加え、ふたをして電子レンジで5分加熱する。取り出して全体を混ぜ、再びふたをして5分加熱する。器に盛ったごはんにかける。

### ささっと作れてアレンジ自在の万能レシピ

カレールウがなくたって、カレー粉があれば、あとはちょっとのお肉と常備野菜でささっと作れる万能レシピ。しょうゆを加えてちょっぴり和風にしておけば、カレーうどんやカレーそばにもアレンジできる、飽きの来ないおいしさが魅力です。

# ひとりランチにこっそり作る、
## 家族には内緒の
# グリーンカレー

`レンジ8分`　`満腹`

**材料**（1人分）

鶏胸肉 … ⅓ 枚（80g）

なす … 1本

パプリカ（赤、黄）… 合わせて½個

しめじ … ¼ パック

酒 … 大さじ1

塩 … 小さじ½

サラダ油 … 大さじ½

|   | グリーンカレーペースト … 15g |
|---|---|
|   | ココナッツパウダー … 30g |
| A | ナンプラー … 小さじ2 |
|   | 砂糖 … 小さじ1 |
|   | 鶏ガラスープの素（顆粒）… 小さじ¼ |
|   | 水 … ¾ カップ |

温かいごはん … 適量

**作り方**

**1** 鶏胸肉はひと口大のそぎ切りにして、酒をふってもむ。なすは乱切りにして塩をふってもみ、さっと洗って水けを取り、サラダ油をまぶす。パプリカは乱切り、しめじは食べやすくさく。

**2** 耐熱容器に **A** を入れてよく混ぜ、**1** を加えてからめる。ふたをして電子レンジで8分加熱する。器に盛り、ごはんを添える。

### お店で食べるような本格エスニック

家族が一緒だと却下されがちなエスニック、ひとりなら存分に楽しめます！ ココナッツミルクの缶詰は開けてしまうと日持ちしないけれど、ココナッツパウダーなら、むだなく使えて便利。ちょっとお店で食べているみたいな本格的な味わいです。お好みで香菜のトッピングも◎。

定番だけど飽きの来ないこの味。
炊きたてほかほかを食べたい

# 五目炊き込みごはん

レンジ4分→200W14分 　満腹 　おふくろの味

## 材料（1合分）

米 … 1合（150g）
鶏もも肉 … ⅓枚（70g）
しいたけ … 1個
ごぼう … 5cm
にんじん … 2cm（20g）
油揚げ … ¼枚

A
　水 … 1カップ
　しょうゆ、みりん … 各大さじ1
　酒 … 大さじ½
　和風だしの素（顆粒）
　　… 小さじ½
　塩 … ひとつまみ

## 作り方

1 米は洗い、30分ほど浸水させる。鶏肉は2cm角に切る。しいたけは薄切りに、ごぼうはささがきにし、さっと水にさらして水けをきる。にんじんはいちょう切り、油揚げは細切りにする。

2 米の水をきって耐熱容器に入れ、1の具材をのせ、Aを混ぜてから加える。ふたをして電子レンジで4分加熱する。200Wに切り替え、14分加熱する。取り出してそのまま10分ほど蒸らす。

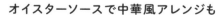
**オイスターソースで中華風アレンジも**
おかずとごはんが一体化した炊き込みごはんは、それ一品で満足できるお役立ちメニュー。いろいろな具材のうまみがごはんにじゅわっとしみ込んで、ほっとする味。鶏肉を牛肉や豚肉にかえたり、しょうゆの半量をオイスターソースにして、中華風にもアレンジできます。

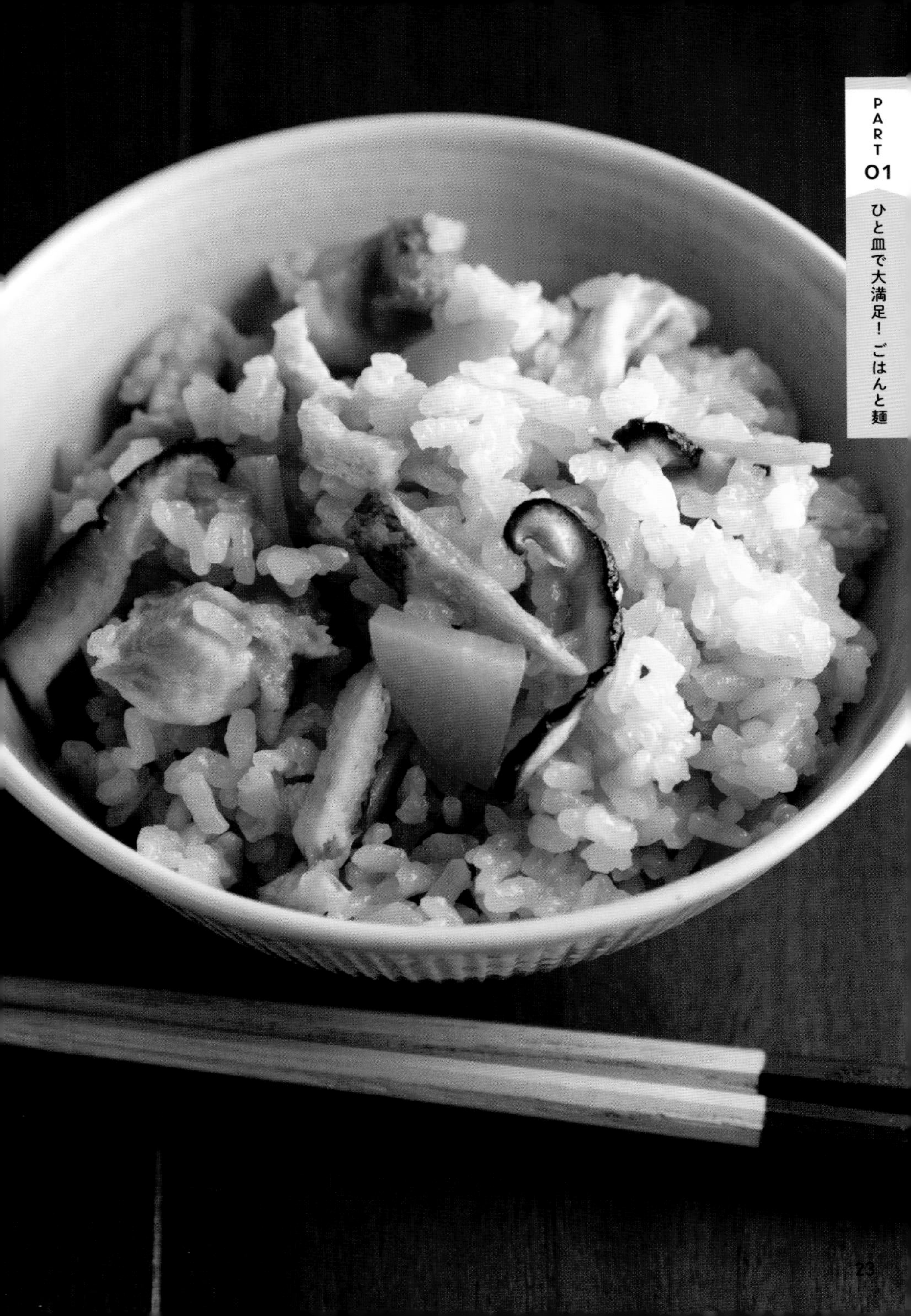

## 身近な材料でOK！
## 気持ちだけは台湾の屋台に
# 和風ルーローハン

[ レンジ4分→2分 ]　[ 満腹 ]

**材料** (1人分)

豚バラ肉 (焼肉用) … 150g
青梗菜 (チンゲンサイ) … 2枚
ゆで卵 (半熟) … 1個
A ┃ おろししょうが … 小さじ1
　┃ おろしにんにく … 小さじ½
　┃ しょうゆ … 大さじ2
　┃ みりん、オイスターソース、酒
　┃ 　… 各大さじ1
　┃ 砂糖 … 大さじ½
粗びき黒こしょう … 少々
温かいごはん … 適量

**作り方**

**1** 豚肉は1cm幅に切る。青梗菜は縦半分に切る。

**2** 耐熱容器にAと豚肉を入れて混ぜ、ふたをして電子レンジで4分加熱する。取り出して青梗菜を加え、再びふたをして2分加熱する。

**3** 器に盛ったごはんにのせ、黒こしょうをふり、ゆで卵を半分に切って添える。

**和風なので老若男女好き嫌いなくおいしいはず**

台湾で食べたあの味が恋しい……。八角も五香粉も、うちにはないけれど、和風ってことでご容赦を。これはこれで、豚肉の脂が甘じょっぱいつゆに溶け込んでなかなかいい感じ！ 青梗菜とゆで卵を添えれば、ボリューム満点の一品に。

丸ごとどーんとのっけてチン。
トマトのうまみがしみる

# トマトチーズリゾット

| レンジ5分 | 満腹 | ヘルシー |

## 材料（1人分）

トマト … 1個（50g）

ベーコン … 2枚

ごはん … 200g

A
| オリーブオイル … 大さじ1
| 洋風スープの素（顆粒）… 小さじ1
| 塩 … 小さじ¼
| 粗びき黒こしょう … 少々

粉チーズ … 大さじ2、適量

バター … 10g

## 作り方

**1** トマトはヘタをくり抜く。ベーコンは細切りにする。

**2** ごはんをさっと洗って水けをきり、耐熱容器に入れる。Aを加えて混ぜ、トマトをのせ、ベーコンを散らす。

**3** ふたをして電子レンジで5分加熱する。粉チーズ大さじ2、バターを加え、トマトをくずしながらよく混ぜる。器に盛り、粉チーズ適量をふる。

**まるごとトマトを使った豪快かつおしゃれな一品**

野菜の中でも栄養をたっぷり含むトマト。積極的に料理に取り入れて、自分も家族も元気でいたいもの。シンプルなのにうまみたっぷりのこんなひと皿も、合わせてチンするだけだから、思い立ったらすぐ作れます。消化がいいから、夜食にもおすすめ。

へとへとなときや、ダイエット中に
やさしく体にしみる
# 豆腐入り卵ぞうすい

レンジ5分→1分30秒　　ヘルシー

**材料** (1人分)

絹豆腐 … ½丁
卵 … 1個
ごはん … 100g

A
水 … 1カップ
みりん … 小さじ2
しょうゆ … 小さじ1と½
和風だしの素 (顆粒)
　　… 小さじ½
塩 … 少々

削り節 … 適量

**作り方**

**1** ごはんをさっと洗って水けをきり、耐熱容器に入れる。Aを加え、豆腐をちぎり入れる。ふたをして電子レンジで5分加熱する。

**2** 取り出して溶きほぐした卵をまわしかけ、再びふたをして1分30秒加熱する。さっと混ぜて器に盛り、削り節をふる。

**体も心も芯からほかほか。ほっとする一杯**

ちょっと体が疲れているとき、ダイエットしたいときにおすすめの卵ぞうすい。豆腐を加えることでほどよくボリュームが出て、おなかも満足。たんぱく質もしっかりとれます。体も心も芯から温まる一杯を、ぜひ。

## 体にいいのは知っていても
## どう食べていいかわからない人に
# オートミールチャーハン

| レンジ1分30秒→2分 | ヘルシー | 満腹 |

**材料**（1人分）

**オートミール**（クイックタイプ）… **60g**

**サラダチキン**（P13参照・または市販）

　　… **50g**

**卵** … **1個**

**レタス** … **適量**

**水** … **90mℓ**

A {
　**鶏ガラスープの素**（顆粒）
　　… **小さじ¼**
　**しょうゆ、ごま油** … **各小さじ1**
　**こしょう** … **少々**
}

**万能ねぎ**（小口切り）… **少々**

**作り方**

**1** 耐熱容器にオートミール、水を入れて混ぜる。ふたをして電子レンジで1分30秒加熱する。

**2** A、万能ねぎ、サラダチキンを細かくさいて加え、全体を混ぜ、溶きほぐした卵をまわしかける。再びふたをして2分加熱して混ぜる。ちぎったレタスとともに器に盛る。

**食物繊維たっぷりでダイエットにも安心のチャーハン**

体にいいと評判のオートミールだけど、なかなか毎日の食事には取り入れにくい……。
そんな人にぜひ作ってほしいのがこれ。毎日でも食べたくなる、新しいおいしさに出会えます。ボディメイク中の方なら、たんぱく質豊富なサラダチキン増し増しでどうぞ。

牛乳と鶏ガラスープであの味を再現。
野菜がおいしい

# ちゃんぽん風ラーメン

レンジ3分→7分→1分  満腹

**材料** (1合分)

中華生麺 (太麺) … 1袋
豚バラ薄切り肉 … 50g
冷凍シーフードミックス … 50g
にんじん … 2cm (20g)
キャベツ … 1枚
かまぼこ … ¼本

A
水 … 1と½カップ
鶏ガラスープの素 (顆粒) … 小さじ2
しょうゆ … 小さじ1
ごま油 … 小さじ½
塩、こしょう … 各少々

牛乳 … ¼カップ
ラー油 … 適量

**作り方**

1 麺を水洗いしてほぐし、水けをきって耐熱容器に入れる。ふたをして電子レンジで3分加熱し、再び水洗いして水けをきる。

2 豚肉は3cm幅に切る。にんじんは薄い短冊切り、キャベツはざく切り、かまぼこは5mm幅に切る。

3 耐熱容器にA、1を入れ、2とシーフードミックスを凍ったままのせ、ふたをして電子レンジで7分加熱する。取り出して牛乳を加え、再びふたをして1分加熱する。器に盛り、ラー油をふる。

**クリーミーなスープがやみつきに**

熱湯を注いで3分のインスタント麺もたまにはいいけれど、もう少し野菜も食べたい、食べさせたい。このレシピは少し時間はかかるけど、魚介も野菜もちゃんととれます (冷蔵庫の残り野菜もどんどん投入!)。クリーミーなスープは、飲み干したくなるおいしさです。

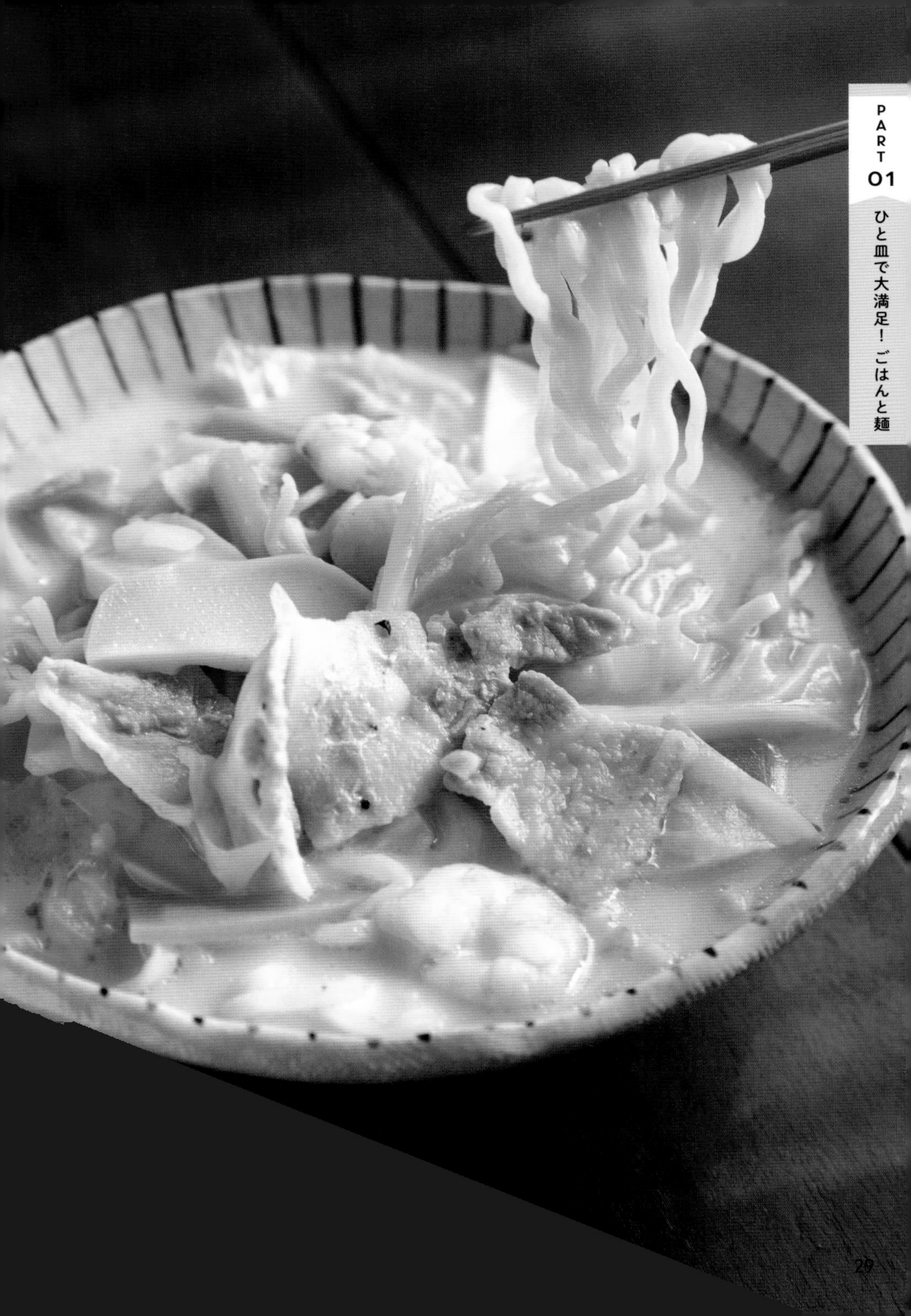

これを作れば家族は笑顔。
家にある具材でOKの
# ソース焼きそば

レンジ3分→1分 | 満腹

**材料** (1人分)

焼きそば用蒸し麺 … 1袋
好みの野菜 (キャベツ、にんじんなど)
　　… 50g
豚バラ薄切り肉 … 50g

A
中濃ソース … 大さじ1
しょうゆ … 小さじ1
オイスターソース … 小さじ½
塩、こしょう … 少々

青のり … 少々

**作り方**

**1** 豚肉は5cm幅に切る。野菜は食べやすく切る。

**2** 麺を水洗いしてほぐし、水けをきる。耐熱容器に入れ、豚肉、**A**を加えて全体を混ぜる。野菜をのせてふたをし、電子レンジで3分加熱する。

**3** 取り出して、ふたをせずに1分加熱する。器に盛り、青のりをふる。

### お留守番の食事を、出かける前にスタンバイ

1日じゅう留守にする日の家族ごはん、どうしよう……。そんなときにおすすめなのがこれ。下ごしらえをして耐熱容器にセットし、冷蔵庫にイン。あとは加熱時間のメモを置いておけばOK！　火を使わないから子どもでも安心。おいしくできたとの報告も、またうれしいものです。

使いきれないあの調味料が大活躍。
あっさり味が新鮮な

# じゃこレモン焼きそば

レンジ3分→1分 | 満腹 | ヘルシー

**材料**（1人分）

焼きそば用蒸し麺 … 1袋
長ねぎ … ½本
豆苗 … ¼袋
ちりめんじゃこ … 大さじ3

A
| 酒 … 大さじ1
| ごま油 … 大さじ½
| ナンプラー … 小さじ1
| 塩 … 小さじ¼
| こしょう … 少々

レモン汁 … ¼個分
白いりごま … 少々

**作り方**

**1** 長ねぎは斜め切りに、豆苗は半分に切る。

**2** 麺を水洗いしてほぐし、水けをきる。耐熱容器に入れ、Aを加えて全体を混ぜる。1、ちりめんじゃこをのせ、ふたをして電子レンジで3分加熱する。取り出して全体を混ぜ、ふたをせずに1分加熱する。

**3** レモン汁をふって全体を混ぜ、器に盛り、白いりごまをふる。

**ソース焼きそばに飽きたらトライ**

焼きそばは基本、王道のソース味。これはこれで安定のおいしさだけど、たまにはちょっと違う味にもトライしてみたいですよね。ごま油とナンプラー味に、じゃことレモンが絶妙に合う！ 今まで使い残してばかりだったナンプラー、きっと必需品になります。

## 揚げ玉がいい仕事します！
## お餅も入っておなか満足な
# 鍋焼きうどん

[ レンジ5分→5分 ]　[ 満腹 ]　[ おふくろの味 ]

**材料**（1人分）

冷凍うどん … 1袋
切り餅 … 1個
長ねぎ … ¼本
にんじん … 2㎝（20g）
しいたけ … 1個
かまぼこ … 2切れ
揚げ玉 … 大さじ2
卵 … 1個

A
水 … 1と½カップ
しょうゆ … 大さじ2
みりん … 大さじ1と½
和風だしの素（顆粒）
… 小さじ¼

**作り方**

1 長ねぎは1㎝幅の斜め切り、にんじんは
　短冊切り、しいたけは2等分のそぎ切り
　にする。

2 耐熱容器にAを入れて混ぜ、うどんを
　凍ったまま加え、1、かまぼこ、切り餅を汁
　にひたるように加える。揚げ玉を散らし、
　ふたをして電子レンジで5分加熱する。

3 取り出して卵を割り入れ、再びふたをし
　て5分加熱する。

**体も心もあったまる、お手軽鍋焼きうどん**

寒い日や、風邪ぎみの日に、こんな鍋焼きうどんはいかが？　豪華なえび天はなくて
も、揚げ玉と半熟卵がうどんに絶妙にからんで、大満足です。体も心もあったまる～！
ついでにいうと、洗いものも少なくてホント最高。

あっさり塩味の汁に
香りと辛みのアクセント

# ゆず香るおろしうどん

| レンジ7分→30秒 | 満腹 | ヘルシー |

**材料**（1人分）

冷凍うどん … 1袋
豚バラ薄切り肉 … 50g
長ねぎ … ½ 本
水菜 … ½ 株
大根おろし … 50g
塩、こしょう … 各少々
片栗粉 … 小さじ½

A
水 … 1と½ カップ
みりん … 小さじ2
和風だしの素（顆粒）、ごま油
　　… 各小さじ½
塩 … 小さじ¼ 強
ゆずこしょう … 小さじ¼
こしょう … 少々

**作り方**

**1** 豚肉は4cm幅に切り、塩、こしょうをふり、片栗粉をまぶす。水菜は4cm長さに、長ねぎは斜め薄切りにする。

**2** 耐熱容器にAを入れて混ぜ、うどんを凍ったまま加え、豚肉をのせる。長ねぎをのせ、ふたをして電子レンジで7分加熱する。

**3** 取り出して大根おろしと水菜を加え、再びふたをして30秒加熱する。

**緊急事態も冷凍うどんがあって助かった！**
「今日は夕飯いらないよ」。家族の声を信じた日に限って、「今から帰る」「おなかすいた」って……。冷凍うどんがあって助かった！　大根おろしでボリューム出して、ちょっぴり辛めにゆずこしょう。「うまい！」の声を聞けば、イラッとした気持ちも（少しは）おさまります。

## たまにはキリッと辛いものが食べたい！
## そんな日のための
# 担々麺

[ レンジ3分→4分→2分 ] [ 満腹 ] [ ピリ辛 ]

**材料** (1人分)

中華生麺 (中太) … 1袋
青梗菜 (チングンサイ) … 2枚
豚ひき肉 … 50g

A
酒 … 大さじ1
豆板醤、甜麺醤 (テンメンジャン) … 各小さじ½

B
水 … 1と½カップ
白すりごま … 大さじ3
赤唐辛子 (粗みじん切り) … ½本
みそ … 大さじ1
しょうゆ … 小さじ1
ごま油、ラー油、鶏ガラスープの素 (顆粒)
　　… 各小さじ½
粉山椒 … 少々

**作り方**

**1** 麺を水洗いしてほぐし、水けをきって耐熱容器に入れる。ふたをして電子レンジで3分加熱し、再び水洗いして水けをきる。

**2** 青梗菜は縦半分に切る。別のボウルに豚ひき肉とAを加えてほぐすように混ぜる。

**3** 耐熱容器にBを入れて混ぜ、1を加える。2の豚ひき肉をのせ、ふたをして電子レンジで4分加熱する。取り出して青梗菜をのせ、再びふたをして2分加熱する。

### 無性に辛いものが食べたいときの大人の楽しみ

無性に辛いものが食べたいこと、ありますよね。とはいえ、子どもが小さいうちは、思うように辛いものは作れないもの。たまには大人だけのために辛い麺、作ってください。ふだんはそれほど使わない豆板醤や甜麺醤も、そんなときのために常備しておいてもいいのでは？

引き出しに眠っている春雨を
ランチにもぴったりなひと品に

# 酸辣スープ春雨

（サン ラー）

| レンジ5分→1分30秒 | ピリ辛 |

## 材料（1人分）

春雨（乾）… 35g
豚ロース薄切り肉 … 60g
長ねぎ … ½本
しいたけ … 1個
たけのこの水煮 … 50g
卵 … 1個

A
水 … 1と½カップ
酒、酢 … 各大さじ1
鶏ガラスープの素（顆粒）、しょうゆ、
　ラー油、片栗粉 … 各小さじ1
ごま油 … 小さじ½
塩、こしょう … 各少々

## 作り方

**1** 豚肉は細切りに、長ねぎは斜め切り、しいたけ、たけのこは薄切りにする。春雨は長ければキッチンばさみで食べやすく切る。

**2** 耐熱容器にAを入れて混ぜ、春雨を入れてひたし、豚肉と野菜をのせる。ふたをして電子レンジで5分加熱する。

**3** 取り出して溶きほぐした卵をまわし入れ、再びふたをして1分30秒加熱する。

**食欲のないときや、簡単にランチを済ませたいときに**

つるつるのどごしのよい春雨を麺代わりに。夏場の食欲のないときや、簡単にランチを済ませたいときにぴったりなスープ春雨です。すっぱ辛いスープはあとを引くおいしさ。春雨はもどさず、そのまま入れてチン！ あっという間に手軽な一品が完成です。

こっくりだけど、軽やか。
たまに現れるケチャップ心を満たす

# スパゲッティナポリタン

| レンジ10分→2分 | 満腹 | ヘルシー |

## 材料（1人分）

スパゲッティ（乾・7分ゆで）… **100g**
玉ねぎ … **½個**
ピーマン … **1個**
ウインナーソーセージ … **3本**

**A**
おろしにんにく … **小さじ½**
トマトジュース（食塩不使用）… **1カップ**
水 … **½カップ**
トマトケチャップ … **大さじ1**
オリーブオイル … **大さじ½**
ウスターソース、砂糖 … **各小さじ1**
洋風スープの素（顆粒）、塩
… **各小さじ¼**
こしょう … **少々**

バター … **5g**

## 作り方

**1** 玉ねぎは1cm幅のくし形切り、ピーマンは乱切り、ソーセージは斜め切りにする。

**2** 耐熱容器に**1**、**A**を入れて混ぜる。スパゲッティを半分に折って、ひたすように加え、ふたをして電子レンジで10分加熱する。

※スパゲッティがかたい場合は、様子を見ながら1分ずつ加熱時間を追加してください。

**3** 取り出して全体をさっと混ぜ、ふたをせずに2分加熱する。バターを加えて混ぜ、器に盛る。

### レンジならヘルシーに仕上がる

ときどき無性に食べたくなる、ケチャップ味。このレシピのポイントは、トマトジュース！コクがあるのに濃厚すぎない、絶妙な味わいに仕上げてくれます。スパゲッティをゆでる手間もなく、使う油の量も最小限。レンジパスタはヘルシー＆簡単が可能なんです。

# 生クリームは使いません！
## 卵とチーズの濃厚な味わいが広がる
# スパゲッティカルボナーラ

レンジ10分 ・ 満腹

## 材料（1人分）

スパゲッティ（乾・7分ゆで）… 100g

ベーコン（かたまり）… 30g

卵 … 1個

A
- 水 … 1と¼カップ
- オリーブオイル … 大さじ1
- 洋風スープの素（顆粒）、塩 … 各小さじ¼

粉チーズ … 大さじ4

バター … 5g

粗びき黒こしょう … 少々

## 作り方

1 ベーコンは2～3cm長さ、1cm角に切る。

2 耐熱容器に1、Aを入れて混ぜる。スパゲッティを半分に折って、ひたすように加え、ふたをして電子レンジで10分加熱する。
   ※スパゲッティがかたい場合は、様子を見ながら1分ずつ加熱時間を追加してください。

3 熱いうちに粉チーズ、バターを加えて混ぜ、溶きほぐした卵を加えて手早く混ぜる。器に盛り、黒こしょうをふる。

### 濃厚カルボナーラもお手のもの
卵、粉チーズ、ベーコンのうまみのみでシンプルに仕上げる本格カルボナーラが電子レンジで完成！ ベーコンは薄切りでももちろんOKだけど、ブロックならではのおいしさもぜひ体感してください。こしょうはお好みでたっぷりとどうぞ。

# これもレンジでできちゃう！
# お店みたいな味わいの
# シーフードスパゲッティ

[ レンジ10分 ]　[ 満腹 ]

## 材料（1人分）

スパゲッティ（乾・7分ゆで）… **100g**
冷凍シーフードミックス … **80g**
ミニトマト … **5個**

|   | |
|---|---|
| **A** | おろしにんにく … **小さじ1弱** |
| | 赤唐辛子（種を除く）… **½本** |
| | 水 … **1と¼カップ** |
| | オリーブオイル … **大さじ1** |
| | 塩 … **小さじ1弱** |

オリーブオイル … **適量**
粗びき黒こしょう … **少々**

## 作り方

**1** 耐熱容器に**A**、ミニトマト、シーフードミックスを凍ったまま入れて混ぜる。スパゲッティを半分に折って、ひたすように加え、ふたをして電子レンジで10分加熱する。

※スパゲッティがかたい場合は、様子を見ながら1分ずつ加熱時間を追加してください。

**2** 熱いうちに全体をよく混ぜて器に盛り、オリーブオイルをかけ、黒こしょうをふる。

---

**シーフードミックスが少しだけ冷凍庫に眠っているあるある**

少しだけ冷凍庫に眠っているシーフードミックスは、1人分のパスタにちょうどいい！オイルと塩のシンプル味だけど、じゅわ〜っと溶け出た魚介とトマトのうまみが最高です。おもてなしにもいいんじゃない？ってくらいのできばえにひとり大満足。

## スパゲッティといえばこれ！
## みんなが大好きな
# ミートソーススパゲッティ

[ レンジ10分→2分 ]　[ 満腹 ]

**材料**（1人分）

スパゲッティ（乾・7分ゆで）… **100g**

合いびき肉 … **100g**

トマト … **1個**（50g）

玉ねぎ … **¼個**

A
- おろしにんにく … 小さじ**¼**
- 水 … **¾カップ**
- トマトケチャップ … 大さじ**3弱**
- ウスターソース … 大さじ**1強**
- オリーブオイル … 大さじ**½**
- 塩 … 小さじ**½強**
- 洋風スープの素（顆粒）… 小さじ**½**
- こしょう … 少々

粉チーズ … 適量

**作り方**

**1** トマトと玉ねぎはみじん切りにする。

**2** 耐熱容器に**1**、ひき肉、**A**を入れて混ぜる。スパゲッティを半分に折って、ひたすように加え、ふたをして電子レンジで10分加熱する。

※スパゲッティがかたい場合は、様子を見ながら1分ずつ加熱時間を追加してください。

**3** 取り出して全体をよく混ぜ、ふたをせずに2分加熱する。器に盛り、粉チーズをかける。

### 市販のパスタソースや冷凍食品はもう買わない！
レンジパスタは、リモートランチや手軽なお昼にぜひ作ってほしい一品。容器ひとつでできるから、洗いものの負担も減！　栄養もしっかりとれます。市販のパスタソースや冷凍食品はもう買わなくていいんです。

# ボリューム満点！メインおかず

あとはごはんやパンと汁ものがあれば、立派な定食に

なんてったって子どもが
一番よろこぶひと皿

# 煮込みハンバーグ

レンジ5分→1分 | ボリューム | お弁当

## 材料 (2人分)

合いびき肉 … 250g

好みのきのこ (まいたけ、エリンギなど)
　… 合わせて50g

A
| 卵 … 1個
| 玉ねぎ … ¼個
| パン粉、牛乳 … 各大さじ3
| 洋風スープの素 (顆粒)
　　… 小さじ¼
| 塩、こしょう … 各少々

B
| トマトケチャップ、ウスター
　ソース … 各大さじ2
| みりん … 大さじ1と½

## 作り方

1 Aの玉ねぎはみじん切りにする。きのこは食べやすく切る。

2 耐熱容器にひき肉、Aを入れて練り混ぜる。2等分して丸く形を整え、容器に戻し入れる。あいているところにきのこを入れ、ふたをして電子レンジで5分加熱する。

3 レンジから取り出し、出てきた脂をキッチンペーパーで押さえ、Bを混ぜてかける。再びふたをして1分加熱する。

### 電子レンジなら生焼けの心配なし

ハンバーグって、リクエストされることが多いけど、ひき肉こねて、フライパンで焼いて、ソース作って……とわりと手がかかりますよね。レンジで作れば時短だし、洗いものも少なく、生焼けの心配もなし。これは意外な発見！　定番のケチャップソースはごはんにも合うから、どんぶり仕立てにしてもいいですね。

豚肉に小麦粉をまぶすから
やわらかで味がよくからむ

# 豚肉のしょうが焼き

レンジ3分→3分　おふくろの味　お弁当

**材料**（1人分）

豚ロース薄切り肉 … 130g

玉ねぎ … ¼ 個

塩、こしょう … 各少々

小麦粉 … 適量

A | おろししょうが … 小さじ1
しょうゆ、酒、みりん
　… 各大さじ1
砂糖 … 小さじ1

サラダ油 … 小さじ1

キャベツ … 適量

**作り方**

1 玉ねぎは横に細切りにする。キャベツは
せん切りにする。

2 豚肉は塩、こしょうをふり、小麦粉を薄く
まぶして耐熱容器に広げるように入れ、
混ぜた **A** を加えてからめる。

3 玉ねぎをのせてサラダ油をまわしかけ、
ふたをして電子レンジで3分加熱する。
取り出してふたをはずし、3分加熱す
る。キャベツとともに器に盛る。

### 特売の肉だってここまでおいしい

おうちによって作り方や味つけは千差万別。でもきっとどこの家でも人気のメニューで
あることは間違いなし！　しょうがをきかせた甘辛味は、特売の肉もとびきりおいしくし
ます。そしてせん切りキャベツがもりもり食べられるのも、しょうが焼きのいいところ。

ハラへった～の声から
**10分後には食べられる**

# 豚キムチ炒め

レンジ4分 | ピリ辛 | ボリューム

**材料**（1人分）

豚バラ薄切り肉 … 130g
白菜キムチ … 100g
玉ねぎ … ¼個
にら … ½束

A
酒 … 小さじ2
ごま油 … 小さじ1
砂糖、しょうゆ … 各小さじ½
塩、こしょう … 各少々

**作り方**

1 豚肉は5cm幅に切る。玉ねぎは縦に薄切り、にらは5cm長さに切る。

2 耐熱容器にA、1、白菜キムチを入れて混ぜ、ふたをして電子レンジで4分加熱する。

**下ごしらえをしておけば、あとは留守番家族におまかせ**
薄切り肉のメニューはレンジ調理の得意分野。短時間でまんべんなく加熱されるので、驚くほど時短になるんです。加熱直前の状態まで準備して、冷蔵庫にストックしておけば、留守番家族もチンするだけでできたてあつあつのおかずが食べられます。

## 町中華の定番！
## オンザライスでおかわり必至な
# 回鍋肉
（ホイ コー ロー）

レンジ5分 ピリ辛 ボリューム

**材料**（1人分）

豚バラ薄切り肉 … **150g**

キャベツ … **3枚**（100g）

ピーマン … **2個**

A
おろしにんにく … **小さじ1**
しょうゆ、酒、水 … **各大さじ1**
片栗粉 … **小さじ1と½**
甜麺醤 … **大さじ½**
（テンメンジャン）
砂糖 … **小さじ2**
豆板醤 … **小さじ1**

**作り方**

**1** 豚肉は3〜4cm幅に切る。キャベツはざく切り、ピーマンは乱切りにする。

**2** 耐熱容器に**A**を入れて混ぜ、**1**を加えてからめる。ふたをして電子レンジで5分加熱する。

**濃い目の味つけで、ごはんにもビールにも合う**

中華料理は強火でじゃじゃっと炒めるのが基本？ レンジならそんなの関係なし。でもこの仕上がりは遜色なし！ 肉はふんわり、野菜はシャキッとして、必ずやうまい！の声が聞けるはず。ちょっぴり濃い目の味つけで、ごはんもビールも進みます。

## お好み焼きがおかずってアリ？
## もちろんアリです！
# お好み焼き

レンジ5分　おつまみ

**材料**（1人分）

豚バラ薄切り肉 … 2枚
キャベツ … 3枚（100g）
長いも … 50g

A
卵 … 1個
水 … ¼ カップ
小麦粉 … 50g
和風だしの素（顆粒）
　… 小さじ½

お好みソース、マヨネーズ、
　削り節、青のり … 各適量

**作り方**

**1** 豚肉はひと口大に切る。キャベツは1cm幅に切る。長いもは皮をむいてすりおろす。

**2** 耐熱容器にAを入れて混ぜる。長いも、キャベツを加えて混ぜ、豚肉を広げるようにのせ、ふたをして電子レンジで5分加熱する。

**3** 器に盛り、ソース、マヨネーズ、削り節、青のりをかける。

### 野菜たっぷりで意外とヘルシー

鉄板で焼く、ソースのこげた香りが広がるお好み焼きはもちろん絶品ですが、レンジで作る、油を使わないさっぱりもっちりのお好み焼きもおすすめです。長いも、キャベツもたっぷりで意外とヘルシー。ダイエット中の人の味方にもなってくれます。

おかずとみそ汁がドッキング。
この味、ほっとする～

# 豚汁

おかず[レンジ15分] [おふくろの味] [野菜たっぷり]

**材料**(1人分)

豚バラ薄切り肉 … 50g
じゃがいも … ½個(60g)
にんじん … 3cm (30g)
大根 … 1cm (30g)
ごぼう … 10cm (30g)
長ねぎ … 10cm
こんにゃく (アク抜き済みのもの) … 40g

| A | 水 … 1と½カップ
| みそ … 大さじ1と½
| 酒 … 小さじ1
| 和風だしの素 (顆粒)
|   … 小さじ½

**作り方**

**1** 豚肉は2cm幅に切る。じゃがいもは小さめの乱切りに、にんじんは薄い輪切り、大根はいちょう切り、ごぼうは斜め薄切りにする。長ねぎは1cm幅の斜め切り、こんにゃくは1cm幅に切る。

**2** 耐熱容器にAを入れて混ぜ、**1**を加える。ふたをして電子レンジで15分加熱する。

**余り野菜でOKの懐の深さがうれしい**

大根、にんじん、じゃがいも……いろんな野菜が少しずつ残ってる。これ、みそ汁が全部受け止めてくれます。ついでに豚肉も加えれば、食べごたえもばっちりで、家族は大よろこび。レンジなら吹きこぼれも気にせず、15分後にはおいしい具だくさん豚汁のでき上がり。満足満足。

## 甘辛ソースがやみつきに！
## 食べごたえも満点の
# とんテキ

| レンジ4分 | | ボリューム |

**材料**（1人分）

豚ロース肉（1cm厚さとんカツ用）
　…**1枚**（150g）

塩、こしょう … **各少々**

小麦粉 … **適量**

**A**
おろしにんにく … **小さじ1**
ウスターソース、みりん
　… **各大さじ1**
しょうゆ … **大さじ½**
砂糖 … **小さじ1**
バター … **5g**
洋風スープの素（顆粒）… **少々**

ベビーリーフ、ミニトマト … **適量**

**作り方**

**1** 豚肉は赤身と脂身の間に数か所包丁を刺してすじ切りをし、フォークで全体に穴をあける。塩、こしょうをふり、小麦粉を薄くまぶす。

**2** 耐熱容器にAを入れて混ぜ、**1**を加えてからめる。ふたをして電子レンジで4分加熱する。器に盛り、ベビーリーフと四つ割りにしたミニトマトを添える。

### とにかく肉！な食べ盛りたちに

とにかく食べ盛りは肉が命。厚切り肉に濃厚甘辛ソースをからめたとんテキは、ごはんが進む最高のごちそうおかずです。作る人にとっても、レンジまかせの加熱でやわらかに仕上がるし、洗いものも少なく済み、これまた最高。

## こっくり味があとを引く
## 泣く子もだまる王道の
# チャーシュー

レンジ8分→2分 | ボリューム

**材料** (作りやすい分量)

豚肩ロース肉 (かたまり) … 300g

A｜おろしにんにく … 小さじ½
｜しょうゆ、砂糖 … 各大さじ3
｜酒、みりん、オイスター
｜　ソース、酢 … 各大さじ1

貝割れ菜 … 適量

**作り方**

**1** 豚肉は室温にもどし、フォークで全体に穴をあける。

**2** 耐熱容器にAを入れて混ぜ、肉を入れてからめ、ふたをして30分ほどおく(途中で上下を返す)。

**3** 電子レンジで8分加熱する。取り出して上下を返し、ふたをせずに2分加熱する。
※ここで竹串を刺してみて、赤い汁が出た場合は、様子を見ながら1分ずつ加熱時間を追加してください。

**4** 食べやすく切り、貝割れ菜とともに器に盛る。


**完璧なでき上がりに思わずニヤリ**

そのままおつまみやおかずとして食べるのはもちろん、細かく刻んでチャーハンに入れたり、ラーメンにのせたり、なかなか万能なチャーシュー。でもかたまり肉の料理は時間がかかるし、中まで火が通っているか心配……。そこはレンジにおまかせを。思わずニヤリとしてしまうでき上がりです。

おともは韓流ドラマ。
マッコリが飲みたくなる

# ポッサム

レンジ5分→4分　　ボリューム

材料 (作りやすい分量)

豚バラ肉 (かたまり) … 300g
塩 … 小さじ1
酒 … 大さじ2

A
おろししょうが … 小さじ1
おろしにんにく … 小さじ½
水 … 1カップ
みりん … 大さじ1
砂糖、鶏ガラスープの素 (顆粒) … 各小さじ1

● ねぎみそ
おろしにんにく … 小さじ¼
長ねぎのみじん切り … ¼本分
みそ … 大さじ1
ごま油、コチュジャン … 各小さじ1
砂糖 … 小さじ½
グリーンリーフ、白菜キムチ … 適量

作り方

**1** 豚肉は室温にもどし、フォーク
で全体に穴をあける。塩をす
りこみ、酒をふる。

**2** 耐熱容器にAを入れて混
ぜ、1を入れてからめる。ふ
たをして電子レンジで5分
加熱し、取り出して上下を返
し、再びふたをして4分加
熱する。余熱でそのまま冷
ます。

**3** 食べやすく切り、グリーン
リーフ、白菜キムチととも
に器に盛り、ねぎみその材
料を混ぜて添える。グリー
ンリーフで巻いて食べる。

　　**韓国料理をおうちごはんで**

かたまり肉もレンジ調理ならとっても手軽。たれも混ぜるだけだから簡単です。せん
切り野菜や白髪ねぎを添えるのもおすすめです。

# 油はねの心配も、油の処理も必要なしの
## 揚げない油淋鶏（ユーリンチー）

レンジ8分　おつまみ　お弁当

**材料**（1〜2人分）

鶏もも肉 … 1枚（300g）

酒 … 大さじ1

塩、こしょう … 各少々

片栗粉、ごま油 … 各大さじ2

A
│ 長ねぎ … ½本
│ おろししょうが … 小さじ½
│ しょうゆ … 大さじ1
│ 砂糖、酢 … 各小さじ1
│ ごま油 … 小さじ½

グリーンリーフ … 適量

**作り方**

1 鶏肉は室温にもどし、厚い部分に切り込みを入れて厚みを均等にし、フォークで全体に穴をあける。酒をふってもみ、塩、こしょうをふって片栗粉をまぶす。全体にごま油をからめる。

2 Aの長ねぎは粗いみじん切りにして、ほかのAと混ぜる。

3 オーブンシートをくしゃくしゃにしてから耐熱容器に敷く。1の皮を上にして入れ、ふたをせずに電子レンジで8分加熱する。食べやすく切り、グリーンリーフとともに器に盛り、2をかける。

### 揚げものの罪悪感をカット

揚げものは、コンロが汚れるし、油の処理も面倒。でも無性に食べたくなるとき、ありますよね。レンジで作ると、カリッと感は若干控えめにはなるけれど、たれをかける油淋鶏（ユウリンチー）なら無問題（モウマンタイ）！　揚げない分、カロリーもカット、罪悪感なく食べられるのもうれしいですね。

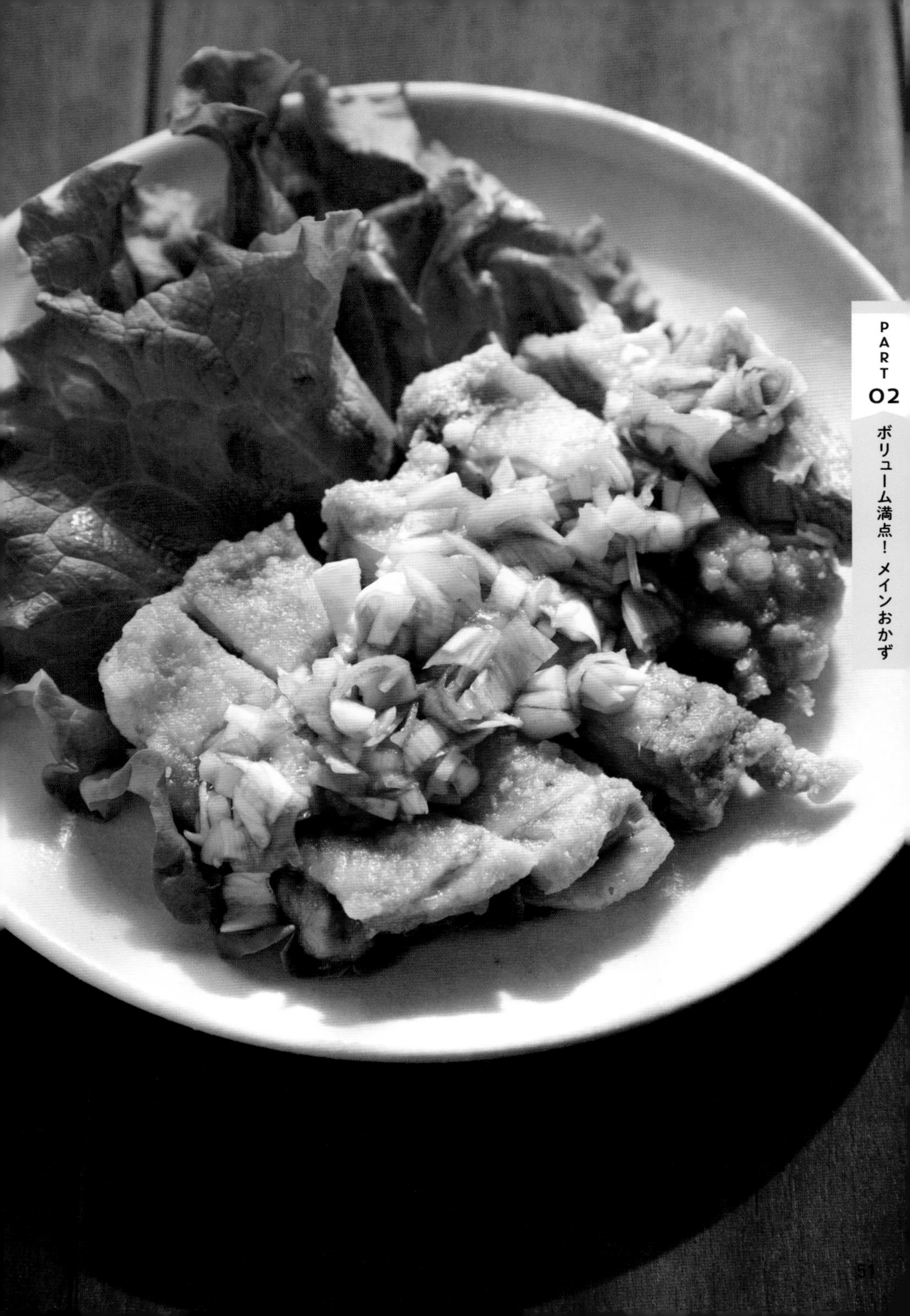

## お弁当はもちろん、あと一品欲しい！というときにも

# 揚げない鶏のから揚げ

レンジ5分 お弁当 おつまみ

**材料**（1人分）

鶏もも肉 … 小1枚（200g）

A
- おろししょうが … 小さじ1
- おろしにんにく … 小さじ¼
- しょうゆ … 大さじ1
- みりん … 大さじ½
- 塩 … 小さじ¼
- こしょう … 少々

小麦粉、片栗粉 … 各大さじ1

キャベツ … 適量

**作り方**

**1** 鶏肉は室温にもどし、フォークで全体に穴をあけ、6等分に切る。ボウルに **A** を合わせ、鶏肉を加えてもみ混ぜる。小麦粉と片栗粉を合わせてまぶす。

**2** オーブンシートをくしゃくしゃにしてから耐熱容器に敷く。**1** の皮を上にして入れ、ふたをせずに電子レンジで5分加熱する。ちぎったキャベツとともに器に盛る。

**揚げないからヘルシー！　お弁当作りの救世主**

朝から揚げものを作るのはなかなか大変！　とはいえ冷凍食品ばかりなのもちょっぴり気が引けて……。そんなときはこのレシピを活用しましょう。揚げないからヘルシー、加熱5分で完成のから揚げはお弁当作りの救世主です。

油を使わないからヘルシー。
良質なたんぱく質がとれる

# 照り焼きチキン

レンジ4分→3分　　おふくろの味　　お弁当　　ヘルシー

材料 (1人分)

鶏もも肉 … 1枚 (300g)
酒 … 大さじ½
塩 … 小さじ½
A｜しょうゆ … 大さじ2
　｜みりん、砂糖 … 各大さじ1
　｜片栗粉 … 小さじ1
レタス … 適量

作り方

**1** 鶏肉は室温にもどし、フォークで全体に穴をあける。酒、塩をふって5分ほどおく。

**2** 耐熱容器にAを入れて混ぜる。1の汁けをふいて入れ、Aをからめ、皮を下にして置く。

**3** ふたをして電子レンジで4分加熱する。取り出して上下を返し、再びふたをして3分加熱する。食べやすく切って器に盛り、レタスを添える。

　　レンジだから、しっとりやわらか

鶏肉料理の失敗で多いのは、火加減が強すぎたり、加熱時間が長すぎたりして肉がかたく、パサついてしまうこと。レンジなら、均一に、短時間で火を通せてなかなかおすすめですよ。しっとりやわらかく大満足の仕上がり。こちら、たれもおいしいので、ごはんの食べ過ぎにはご注意を。

野菜たっぷり!
あつあつをほおばりたい
# チキンクリームシチュー

レンジ10分→1分30秒 | おふくろの味 | 野菜たっぷり

## 材料 (1人分)

鶏もも肉 … **70g**

にんじん … **3cm** (30g)

さつまいも … **50g**

玉ねぎ … **¼個**

A
| 水 … **1カップ**
| 洋風スープの素 (顆粒)
| … **小さじ1**
| 塩、砂糖 … **各小さじ¼**
| こしょう … **少々**

小麦粉 … **大さじ1**

バター **10g**

牛乳 … **¼カップ**

## 作り方

**1** 鶏肉は小さめのひと口大に、にんじんは小さめの乱切りにする。さつまいもは皮つきのまま小さめの乱切りに、玉ねぎは縦薄切りにする。

**2** 耐熱容器に**A**を入れて混ぜ、**1**を加えてふたをし、電子レンジで10分加熱する。

**3** ボウルに小麦粉を入れ、牛乳を少しずつ加えながらダマにならないように混ぜる。バターとともに**2**に加え、全体を混ぜる。再びふたをして1分30秒加熱する。

### 1人分をささっと作りたいときに

市販のルウも便利だけど、5皿分、10皿分はちと多すぎる。だから、1人分をささっと作りたいときに便利なレシピを考えました。鶏肉を豚肉に、さつまいもをじゃがいもにとアレンジも可能。時間と分量だけはきっちり守ってくださいね。

これぞいやしのひと皿。
疲れたときにおすすめの
# 白菜と鶏ひき肉のうま煮

レンジ8分　おふくろの味　野菜たっぷり

**材料**（2人分）

白菜 … **2枚**（150g）

にんじん … **2cm**（20g）

鶏ひき肉 … **100g**

A　水 … **70ml**
　おろししょうが … **小さじ½**
　みりん、しょうゆ … **各大さじ1**
　片栗粉 … **小さじ2**
　ごま油 … **小さじ1**
　塩、こしょう … **各少々**

**作り方**

**1** 白菜はひと口大に切る。にんじんは薄切りにする。

**2** 耐熱容器にひき肉、Aを入れてよく混ぜる。**1**を加えて混ぜ、ふたをして電子レンジで8分加熱する。

**あと一品足りない……なんてときにも**

白菜のおいしさは寒い季節ならでは。お鍋のあとにちょこっと残った白菜で作れるレシピです。特に芯の部分が甘くておいしい！　あと一品足りない……なんてときにもぴったり、お酒にもよく合うから、残業疲れをいやす晩酌タイムにもおすすめです。

## シンプル調味で
## 一度作ればレシピいらずな
# 鶏手羽のさっぱり煮

| レンジ3分→3分 | おふくろの味 | おつまみ |

**材料**（1人分）

鶏手羽元 … 4本（300g）

A | しょうゆ、みりん、酢
　　　… 各大さじ2
砂糖 … 大さじ1

**作り方**

**1** 鶏手羽元は室温にもどし、フォークで全体に穴をあける。

**2** 耐熱容器にAを入れて混ぜ、**1**を加えてからめる。ふたをして電子レンジで3分加熱し、取り出して上下を返し、再びふたをして3分加熱する。

### おでんやカレーに加えてもおいしい

骨つき鶏を使えば、少ない調味料でもうまみたっぷり。加熱6分でほろっと骨離れよく仕上がります。スーパーで安売りのときに多めに買った手羽元でたっぷり作って、冷凍しておくことも可能。おでんに加えたり、カレーに加えたりしてもおいしいんです。

## レモンとペッパーがきいて ワインのおともにも◎
# 鶏胸肉とねぎの塩麹蒸し

レンジ4分　おつまみ　お弁当

**材料** (1人分)

鶏胸肉 … ½枚 (150g)

長ねぎ … ½本

塩麹 … 大さじ1

A │ 酒、ごま油 … 小さじ1
　 │ 粗びき黒こしょう … 少々

レモン … ¼個

**作り方**

**1** 鶏肉はフォークで全体に穴をあけ、ひと口大のそぎ切りにする。長ねぎは1cm幅の斜め切りにする。

**2** 耐熱容器に鶏肉を入れ、塩麹を加えてもむ。Aを加え、長ねぎをのせてふたをし、電子レンジで4分加熱する。器に盛り、レモンを添える。

### 塩麹で肉をやわらかく
低カロリーで高たんぱくな鶏胸肉は、食事にもっと取り入れたい。それなのに、どうしてもかたくなったり、パサついたりしがちなのも事実。そこで登場させたのはうまみをもたらす発酵調味料「塩麹」。肉をやわらかくする効果もあるので、これ、おすすめです！

ぜいたくなひと皿をひとりじめ。
どんぶり仕立てにしてもおいしい

# ひとりすき焼き

レンジ5分→3分 ┃ おふくろの味

**材料** (1人分)

牛こま切れ肉 … 100g

長ねぎ … ½ 本

白菜 … 2枚 (100g)

好みのきのこ (えのきだけ、しいたけなど)
　 … 合わせて40g

にんじん … 3㎝ (30g)

焼き豆腐 … 50g

A ┃ しょうゆ、みりん、酒
　　 … 各大さじ3
　 砂糖 … 大さじ1と½
　 和風だしの素 (顆粒) … 小さじ1

卵 … 1個

**作り方**

**1** 長ねぎは1㎝幅の斜め切り、白菜の葉はざく切り、芯は縦に細切りにする。きのこは食べやすく切る。にんじんは薄切り、焼き豆腐は半分に切る。

**2** 耐熱容器に**A**を入れて混ぜ、1、牛肉を入れ、全体を混ぜる。ふたをして電子レンジで5分加熱し、取り出して軽く混ぜ、再びふたをして3分加熱する。取り出してそのまま2分ほどおく。

**3** 器に盛り、溶きほぐした卵を添える。

**卵とごはんをたっぷり用意して、いざ！**
野菜も豆腐も肉も、いっぺんに調理できるのがレンジのいいところ。うまみが渾然一体となって、たまらないおいしさです。卵とごはんをたっぷり用意して、いざ加熱。ちょっと残して、翌日のお昼に牛丼と決め込みたいけれど、きっと残らずペロリ、ですね。

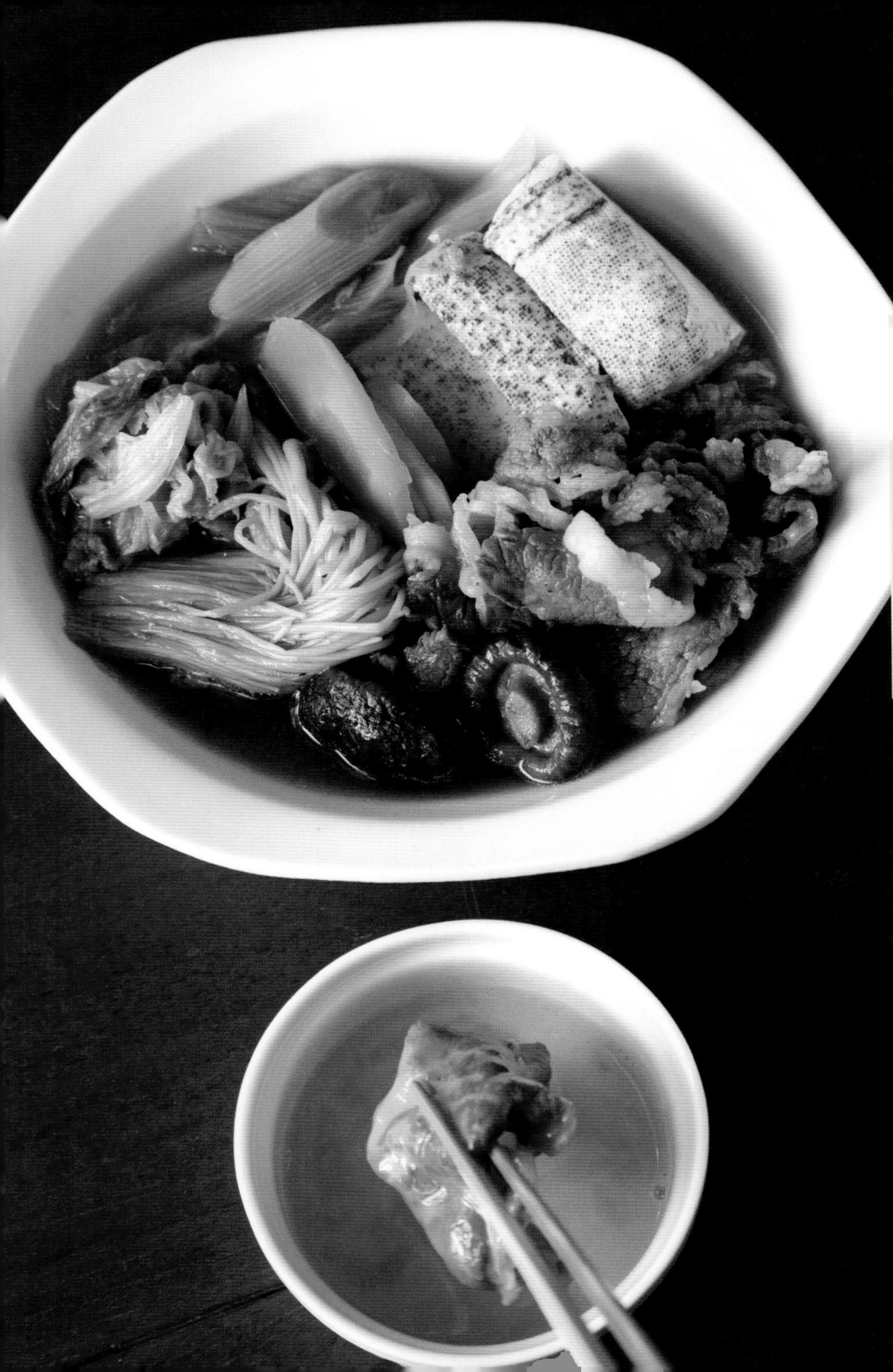

## 本格中華も加熱4分！
## ピーマンのおいしさ際立つ
# チンジャオロースー

レンジ4分 ・ おふくろの味 ・ お弁当

**材料 (1人分)**

牛バラ肉 (焼き肉用) … 100g

ピーマン … 3個

たけのこの水煮 … 50g

A
- しょうゆ、酒、オイスターソース … 各小さじ2
- 砂糖、片栗粉、ごま油 … 各小さじ1
- 塩 … ひとつまみ

粗びき黒こしょう … 少々

**作り方**

**1** 牛肉は細切りにする。ピーマン、たけのこは縦に7〜8mm幅に切る。

**2** 耐熱容器にAを入れて混ぜ、牛肉を加えてからめる。ピーマン、たけのこを加えて全体を混ぜる。

**3** ふたをして電子レンジで4分加熱する。取り出してそのまま1分ほどおく。黒こしょうをふって混ぜる。

### レンジなら火加減も気にせず失敗なし

チンジャオロースーのおいしさはピーマンにあると思います。牛肉のうまみをまとったピーマンのおいしさったら！　中華料理は家庭では火加減が難しいといわれますが、レンジならなんにも気にせず失敗なし。さ、加熱をスタートしたら、ごはんの準備を！

PART
02

ボリューム満点！ メインおかず

韓国風の肉野菜炒めで
パワーみなぎる

# プルコギ

レンジ5分　ピリ辛

材料（1人分）

牛こま切れ肉 … 100g
玉ねぎ … ¼ 個
にんじん … ¼ 本（30g）
しいたけ … 1個
にら … ½ 束

A
おろしにんにく、おろししょうが
　… 各小さじ½
しょうゆ … 大さじ1
酒、コチュジャン、砂糖
　… 各小さじ2
ごま油 … 小さじ1
片栗粉 … 小さじ½

作り方

1 玉ねぎは縦に薄切り、にんじんは細切り、しいたけは薄切りにする。にらは4cm長さに切る。

2 耐熱容器に牛肉とAを入れてもみ混ぜる。1を加えて全体を混ぜ、ふたをして電子レンジで5分加熱する。

**ガツンとパンチをきかせてパワーチャージ**

牛肉に、にんにくとしょうがをきかせて、にらもたっぷり！ たまにはガツンとパンチのあるひと品で、パワーをチャージしましょう。1人分を気軽に作れるのがレンジ調理の醍醐味。ダイエット中の家族を横目に、私はチートデイ！

生クリームなしでこのうまさ！
焼きたてをハフハフいきたい

# サーモンとじゃがいもの豆乳グラタン

| レンジ2分 | オーブン15分 | おつまみ | ヘルシー |

※オーブン用耐熱容器については10ページを参照。

**材料（1～2人分）**

サーモン … 1切れ（80g）
じゃがいも（メークイン） … 1個（150g）
塩、こしょう … 各少々

A
| 豆乳（調整） … 1カップ
| おろしにんにく … 小さじ¼
| 小麦粉 … 大さじ1
| 洋風スープの素（顆粒）
|   … 小さじ1

ピザ用チーズ … 50g
バター … 5g

B
| オリーブオイル … 小さじ1
| しょうゆ、こしょう … 各少々

**作り方**

**1** じゃがいもは薄切りにして耐熱容器に入れ、ふたをして電子レンジで2分加熱する。サーモンは3等分のそぎ切りにし、塩、こしょうをふる。ボウルにAを入れて混ぜる。

**2** オーブン用耐熱容器にじゃがいもを広げ、サーモンをのせる。Aをまわしかけ、チーズ、バターをのせ、Bを順にかけて、220℃に予熱したオーブンで15分焼く。

**じゃがいもにするだけで、ちょっと大人なひと皿に**

みんな大好きなグラタンは寒い日の一番のごちそう。マカロニをやめてじゃがいもにするだけで、なんとなく大人な雰囲気に。豆乳がサーモンの繊細なうまみを引き出して、やさしい味わいをかもし出します。生クリームや大量のバターを使わないからヘルシーなのもうれしい。隠し味のしょうゆで、ごはんにも合うおいしさなんです！

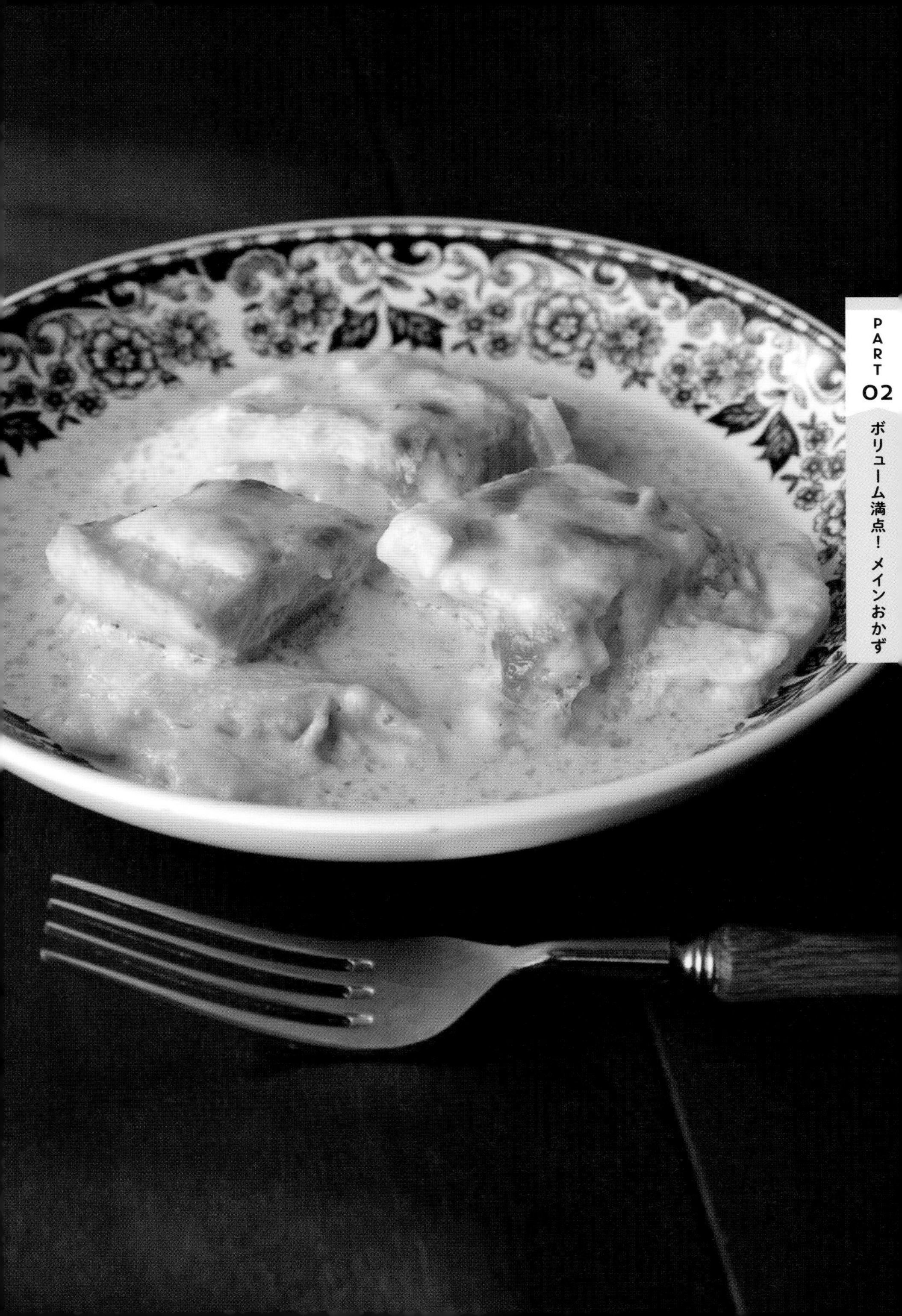

どうしてもおふくろの味が
食べたい夜もあるから

# さばのみそ煮

レンジ2分→1分　おふくろの味　おつまみ

**材料**（1人分）

さば … 1切れ（100g）

A｜おろししょうが … 小さじ1
　｜みそ、砂糖、みりん、酒、
　｜水 … 各大さじ1

白髪ねぎ … 適量

**作り方**

**1** さばは皮目に切り目を入れる。ざるにのせて熱湯をまわしかけ、キッチンペーパーで水けを取る。

**2** 耐熱容器にAを入れて混ぜ、1を入れる。上面にスプーンでAをかけ、ふたをして電子レンジで2分加熱する。

**3** 取り出して再びAをかけ、ふたをせずに1分加熱する。器に盛り、白髪ねぎを添える。

**高齢の母に伝えたい1人分のレンジ煮魚レシピ**

離れて暮らす母。魚料理が得意だったけれど、今は高齢になりキッチンに立つ回数も減ったよう。そんな母に伝えたい1人分のレンジ煮魚レシピ。ふっくら仕上がるし、煮汁の加減も母の味に近いような気がしています。

## 大人になってわかった
## ごぼうの滋味深さ
# 牛肉とごぼうのしぐれ煮

レンジ3分→2分　　おふくろの味　　お弁当

材料 (作りやすい分量)

牛こま切れ肉 … 200g
ごぼう … ½本 (90g)
赤唐辛子 (種を除く) … 1本
A | しょうゆ、酒 … 各大さじ1と½
　 | 砂糖、みりん … 各大さじ1
ごま油 … 小さじ2

作り方

**1** ごぼうはささがきにして、さっと水にさらして水けをきる。

**2** 耐熱容器に牛肉、1、赤唐辛子を入れ、Aを加えて混ぜる。

**3** ふたをして電子レンジで3分加熱し、取り出して全体を混ぜる。ふたをせずに2分加熱し、ごま油を加えて混ぜる。

### 使いきれずに余ったごぼうを活用

ごぼうと牛肉の相性は言わずもがな。あと一品というときの常備菜に、お弁当のおかずにと大活躍です。炊きたてのごはんに混ぜれば、これまたおいしい牛ごぼうごはんにも。使いきれずに余ったごぼうも大活躍。

この色にテンションアップ！
プリプリ食感がたまらない
# えびチリ

レンジ2分　おつまみ　お弁当

**材料**（1人分）

むきえび … 8尾

長ねぎ … 5cm

A｜片栗粉、酒 … 各小さじ1
　｜塩 … 小さじ½

塩、こしょう … 各少々

片栗粉 … 小さじ1

　｜おろししょうが … 小さじ½
　｜おろしにんにく … 小さじ¼
　｜トマトケチャップ … 大さじ1と½
B｜砂糖、水 … 各大さじ1
　｜ごま油 … 小さじ1
　｜豆板醤 … 小さじ½
　｜鶏ガラスープの素（顆粒）… 小さじ¼

**作り方**

1　長ねぎはみじん切りにする。えび
　は背わたを取り、Aをふってもみ、
　水洗いして水けを取る。塩、こしょ
　う、片栗粉をまぶす。

2　耐熱容器にB、長ねぎを入れて混
　ぜ、1のえびをのせ、ふたをして電
　子レンジで2分加熱して混ぜる。

### 電子レンジだから、かたくなりがちなえびもプリプリ

人気の高級中華、えびチリ。短時間で火が通る電子レンジなら、素材のおいしさや食
感を生かすことができます。かたくなりがちなえびもプリプリ。えびはレンジと相性が
いいんです〜！　冷凍えびを解凍したものでもおいしくできますよ。

もの足りなくなりがちな魚料理も
マヨのおかげで食べごたえアップ

# さけときのこのみそマヨ蒸し

レンジ6分 　ヘルシー 　お弁当

**材料** (1人分)

さけ … 1切れ (100g)

長ねぎ … ½ 本

しめじ … ½ パック

まいたけ … ½ パック

A
酒、みそ … 各大さじ1
マヨネーズ、みりん
　 … 各大さじ½
砂糖 … 小さじ1

**作り方**

**1** さけはキッチンペーパーで水けを取る。長
ねぎは斜め薄切りにする。しめじ、まいたけ
はほぐす。

**2** 耐熱容器に**A**を入れて混ぜ、さけ、きのこ
の順に入れ、ふたをして電子レンジで6分
加熱し、全体を混ぜる。

### 魚臭さなし、子どももきっと大よろこび

家族にもっと魚料理を食べさせたい。でもあんまり人気ないのよね……と思ってい
る人、多いのでは。きのこでうまみたっぷり、マヨネーズでコクをプラスしたこのレシ
ピなら、子どもたちにもきっとよろこんでもらえますよ。魚臭さも気になりません。

## ワインな気分の夜長におすすめ。オイルはパンにつけてどうぞ

# えびと野菜のアヒージョ

`レンジ3分` `おつまみ`

**材料（1人分）**

むきえび … 小6尾

マッシュルーム … 60g

A
| 赤唐辛子（種を除く）… 1本
| おろしにんにく … 小さじ1
| オリーブオイル … 大さじ5
| 塩 … 小さじ½弱

バゲット … 適量

**作り方**

**1** えびは背わたを取る。マッシュルームは半分に切る。

**2** 耐熱容器に**1**、**A**を入れて混ぜ、ふたをして電子レンジで3分加熱する。

### がんばった自分へのごほうびに

今日も1日がんばった自分に、レンジで作るアヒージョを（もちろんワインも！）。オイルの量は少なくて済むし、油はねを気にしなくてOK！　お味はけっこう本格派。うまみの溶け出たオイルはバゲットにつけて召し上がれ。いろんなきのこや野菜、ほたて、たこなどでアレンジしてもイケますよ。

磯の香りとともに熱燗をキュッ。
自分だけの晩酌タイムに

# あさりの酒蒸し

レンジ3分　　おつまみ　　ヘルシー

**材料**（1人分）

**あさり**（殻つき・砂抜き済みのもの）
　…**20個**（200g）
**カットわかめ**（乾燥）…**大さじ2**
**酒**…**大さじ1**

**作り方**

**1** あさりは殻をこすり合わせて洗う。わかめは水につけてもどし、水けをきる。

**2** 耐熱容器に**1**を入れ、酒をふる。ふたをして電子レンジで3分加熱する。

**短時間加熱であさりがふっくら**

あさりの酒蒸しこそ、短時間で完成するレンジ調理がぴったり。酒のつまみにもおかずにもおすすめです。わかめも加えたら、潮の香りの相乗効果がアップ。わかめはカットわかめでOKだけど、生わかめだとさらにおいしく！

## 味しみおでんもレンチンで。
## ひとりならおでん種セットが便利
# ひとりおでん

[ レンジ8分→7分 ]　[ おつまみ ]　[ おふくろの味 ]

**材料**（1人分）

大根 … 5cm
好みのおでん種（ちくわ、さつま揚げなど）
　… 合わせて200g
　　┌ 水 … 1と½カップ
　　│ みりん、酒、しょうゆ … 各大さじ2
**A**　│ 砂糖 … 小さじ1
　　│ 和風だしの素（顆粒）… 小さじ½
　　└ 塩 … 小さじ⅓
練り辛子 … 少々

**作り方**

**1** 大根は皮をむき、3等分の輪切り
　　にする。

**2** 耐熱容器に**A**を入れ、**1**とおでん
　　種を加え、ふたをして電子レンジ
　　で8分加熱する。取り出して上下
　　を返し、再びふたをして7分加熱
　　する。器に盛り、辛子を添える。

**もうコンビニでおでんは買わない！**
寒いときに食べたくなるのがおでん。レンチンでできるなんて意外だけど、1人分なら
いいですよ、これ。大根にもしっかり味がしみているし、おでん種もいい感じに煮汁を
吸っています。1人分のおでんはコンビニまかせだった人にぜひ作ってほしい！

## 体がじわっとあったまって なんだか力がわいてくる
# 納豆チゲ

[ レンジ15分 ]　[ ヘルシー ]　[ ピリ辛 ]

**材料**（1人分）

牛こま切れ肉 … 100g

じゃがいも … 1個（150g）

えのきだけ … ¼ 袋

豆もやし … ¼ 袋

白菜キムチ … 100g

納豆 … 1パック（50g）

A
- おろしにんにく、おろししょうが … 各小さじ½
- 水 … 2カップ
- みそ … 大さじ1
- コチュジャン … 大さじ½
- 砂糖、鶏ガラスープの素（顆粒）… 小さじ½

万能ねぎ（小口切り）… 5本

白いりごま … 少々

**作り方**

**1** じゃがいもは皮をむき、ひと口大の乱切りにする。えのきだけは食べやすく切る。納豆は添付のたれとからしを混ぜる。

**2** 耐熱容器にAを入れて混ぜる。牛肉、じゃがいも、えのきだけ、白菜キムチ、豆もやしを加え、ふたをして電子レンジで15分加熱する。器に盛り、納豆をのせ、万能ねぎ、白いりごまをふる。

### ダブルの発酵食品パワーで元気に
冷蔵庫に少し余った白菜キムチと、3連パックでひとつだけ余りがちの納豆。残りもの同士をかけ合わせたら、ダブルの発酵食品パワーでなんだか元気が出てくるひと皿に。ごはんに合うのはもちろんだけど、ぶっかけうどんにするのもいいですよ。

豆板醤やラー油で辛さを調節して
自分好みの味を実現

# 麻婆豆腐

レンジ2分→3分　ピリ辛

材料（1人分）

絹ごし豆腐 … ½丁

豚ひき肉 … 50g

長ねぎ … 5cm

A ｜ おろしにんにく、おろししょうが
　　　… 各小さじ¼
｜ 赤唐辛子 (種を除く) … 1本
｜ 水 … 80mℓ
｜ 酒、片栗粉、ごま油、豆板醤 … 各小さじ1
｜ 甜麺醤 … 小さじ1と½
　テンメンジャン
｜ しょうゆ … 小さじ½
｜ 鶏ガラスープの素 (顆粒) … 小さじ¼
｜ 塩、こしょう … 各少々

ラー油、粉山椒 … 各適量

作り方

**1** 耐熱容器に豆腐を入れ、ふたをして電子レンジで2分加熱する。水けを取り、2cm角に切る。長ねぎは粗みじん切りにする。

**2** 耐熱容器に**A**とひき肉を入れ、ほぐすように混ぜる。**1**の豆腐を加え、ふたをして電子レンジで3分加熱する。取り出して長ねぎを加え、全体を混ぜる。器に盛り、ラー油、粉山椒をふる。

### 中華をもっと少しずつ気軽に作りたい

おうち中華は難しそうで、つい「素」を買ってしまいがち。でもそれなりに高いし、量も多くて……。もっと少しずつ気軽に作れないかな？と考えたのがこのレシピ。豆板醤と甜麺醤、この2つの調味料があれば、大抵の中華は作れちゃうんです！

朝ごはんにちゃちゃっと
ごはんにもパンにもよく合う

# キャベツとハムの卵炒め

レンジ1分  おつまみ  お弁当

**材料**（1人分）

**キャベツ** … **1枚**（30g）

**ハム** … **1枚**

**卵** … **1個**

**A**  マヨネーズ … 大さじ½
　　塩 … 少々

**粗びき黒こしょう** … 少々

**作り方**

**1** キャベツはざく切り、ハムは4等分に切る。

**2** 耐熱容器に卵を溶きほぐし、**A**を加えて混ぜる。**1**を加え、ふたをして電子レンジで1分加熱する。器に盛り、黒こしょうをふる。

**加熱1分の簡単朝ごはん**

朝ごはんは重要！とわかっていても、ついついパンとコーヒーだけという日が多いという人、こちらのレシピをどうぞ。野菜と卵をいっぺんに食べられて、しかも加熱はほんの1分。ちょっと酒のつまみが欲しいというときにもおすすめです。キャベツもハムも、手でちぎってもOKですよ。

# もう一品！ というときのサブおかず

思い立ったらすぐできる！　酒のつまみにもおすすめ

余熱でしっとり、ふっくら。
鶏ささ身で作るから、グッとお手軽な

# バンバンジー

レンジ2分+30秒　ヘルシー　おつまみ

**材料** (1人分)

鶏ささ身 (筋なし) … 2本 (100g)

酒 … 大さじ1

塩 … 少々

A {
おろししょうが、豆板醤
　　… 各小さじ½
白すりごま … 大さじ2
酢、みそ、しょうゆ、ごま油
　　… 各大さじ1
砂糖 … 小さじ2
}

トマト (薄切り)、きゅうり (細切り) など
　　… 各適量

**作り方**

**1** 鶏ささ身はフォークで3〜4か所刺して穴をあけ、酒と塩をからめて5分ほどおく。

**2** 汁けをふいて耐熱容器に入れ、ふたをして電子レンジで2分加熱する。取り出してそのまま冷ます。食べやすくさいて好みの野菜とともに器に盛る。

**3** 耐熱容器にAを入れて混ぜ、ふたをして電子レンジで30秒加熱して混ぜる。2にかける。

**ちょっと小腹がすいたときのおやつ代わりにも**

鶏ささ身の調理は電子レンジの得意分野。余熱も使ってじんわりと火を通せば、パサついたりかたくなるなんて心配はご無用です。高たんぱく、低脂質だから、運動部のエースにも、ダイエット中の人にもおすすめ。常備してスープやサラダに加えたり、ちょっと小腹がすいたときのおやつ代わりにもいいかも。

75

お弁当にも役立つごはんの友。
おいしくて体にやさしい
# さばそぼろ

レンジ3分→2分  ヘルシー  おふくろの味

## 材料 (作りやすい分量)

さばの水煮缶 … 1缶 (190g)

玉ねぎ … ¼個

しいたけ … 1枚

A | しょうゆ、砂糖 … 各大さじ1
みりん、酒 … 各大さじ½
塩 … 少々

おろししょうが … 小さじ1

白いりごま … 大さじ1

## 作り方

**1** 玉ねぎ、しいたけはみじん切りにする。

**2** 耐熱容器にA、1、おろししょうが、さば缶の汁けをきって加え、さばをほぐしながら混ぜる。

**3** ふたをして電子レンジで3分加熱し、取り出して混ぜる。ふたをせずに2分加熱し、白いりごまを加えて混ぜる。

### ごはんはもちろん、うどんや和風パスタにも

さば缶は体にいいって聞くけれど、なかなかメニューに組み込めない……。そんな人におすすめなのがこのレシピ。しょうがをきかせた甘辛い味つけは、ごはんはもちろん、うどんや和風パスタに使ってもおいしい〜。これなら毎日食べられますね。

野菜たっぷりの"飲むサラダ"。
ビタミン豊富でなんだか元気がわいてくる

# ミネストローネ

レンジ13分　ヘルシー

## 材料 (1人分)

トマト… 中1個 (180g)

キャベツ… 1枚 (50g)

じゃがいも… 1/2 個 (60g)

にんじん… 3cm (30g)

玉ねぎ… 1/4 個

ミックスビーンズ (缶詰)… 50g

ベーコン (厚切り)… 40g

A
｜水… 1カップ
｜洋風スープの素 (顆粒)… 小さじ2
｜オリーブオイル… 大さじ1/2
｜砂糖… 小さじ1
｜塩… 小さじ1/2
｜こしょう… 少々

## 作り方

**1** トマトはざく切り、キャベツ、じゃがいも、にんじん、玉ねぎは1cm角に切る。ベーコンは1cm幅に切る。

**2** 耐熱容器に1、ミックスビーンズ、Aを入れてふたをし、電子レンジで13分加熱する。

**ヘルシースープで余り野菜を一掃！**
常備しているにんじん、じゃがいも、玉ねぎに、使い残しのキャベツやトマトをin。なんなら余り野菜を全部入れてもなぜかおいしくなっちゃうスープがこちら。ミックスビーンズを加えると食べごたえがアップし、味に奥行きも出ます。

え、こんなのがうちで作れるの？
缶詰より断然うまい

# 自家製ツナのオイル漬け

レンジ1分→1分　ヘルシー　おつまみ

材料（作りやすい分量）

まぐろ（赤身）… **1さく**（150g）
塩 … **小さじ¼**（まぐろの重量の約1%）
オリーブオイル … **大さじ3**
おろしにんにく … **小さじ¼**
ローリエ … **1枚**
粗びき黒こしょう … **少々**

保存するときは保存袋に移し、全体がオイルにひたるようにするとしっとり感が長持ち。

作り方

**1** まぐろはキッチンペーパーで水けを押さえ、塩をふって10分ほどおく。

**2** 再び水けを取って耐熱容器に入れ、オリーブオイルとにんにくをからめる。ローリエをのせてふたをし、電子レンジで1分加熱する。

**3** 取り出して上下を返し、再びふたをして1分加熱する。そのまま粗熱を取る。食べやすくほぐして器に盛り、黒こしょうをふる。

### ツナも自分で作るとさらにヘルシー

ツナ＝缶詰と当たり前のように思っていたけれど、実は意外に簡単に手作りできるんです。さらに電子レンジなら、オイルの量は最小限、余熱も利用して仕上がりはしっとりジューシーで驚くほどの仕上がり。もちろん特売のまぐろでOKです。

## ほっとする味の常備菜。包丁、まな板、使いません！

# ひじき煮

レンジ5分 　 おふくろの味 　 ヘルシー

**材料** (作りやすい分量)

ひじき (乾燥) … 10g
蒸し大豆 … 1缶 (100g)
こんにゃく … ⅓枚 (50g)
ちくわ … 1本
A｜水 … ½カップ
　｜しょうゆ … 大さじ2
　｜砂糖 … 大さじ1と½
　｜みりん … 大さじ1
　｜和風だしの素 (顆粒)
　｜　… 小さじ½

**作り方**

1 耐熱容器に **A** を入れて混ぜる。大豆と、ひじきを戻さずに加え、こんにゃく、ちくわをひと口大にちぎり入れて混ぜる。

2 ふたをして電子レンジで5分加熱する。そのまま冷ます。

**ヘルシーでなにかと便利な、ひじき煮にトライ！**

体にいいひじきはもっと食べたいけど、煮ものは苦手、なんとなく面倒だし……。それなら包丁いらず、火加減も気にしないほったらかしのこのレシピを試してほしい！　ひじき煮はそのまま食べるだけじゃなく、ごはんに混ぜたり、卵焼きに入れたりとなにかと便利です。

## 小松菜と油揚げの相性のよさは格別。冷めてもおいしい

# 小松菜と油揚げの煮びたし

`レンジ6分` `おふくろの味` `おつまみ`

**材料** (作りやすい分量)

小松菜 … 1束 (200g)

油揚げ … 1枚 (60g)

A
| 水 … ½カップ
| しょうゆ … 大さじ1と½
| 砂糖、みりん … 各大さじ1
| サラダ油 … 小さじ1
| 和風だしの素 (顆粒) 小さじ½

**作り方**

**1** 小松菜は4cm長さに切る。油揚げは細切りにする。

**2** 耐熱容器にAを入れて混ぜ、1を加えて混ぜる。ふたをして電子レンジで6分加熱する。そのまま冷ます。

**大人向けの滋味な一品**

子どものころはこういう料理、全然好きじゃなかったけど、大人になって、くたくたの小松菜とだしのうまみをたっぷり吸った油揚げのおいしさに気づいた人、多いのでは？ときどき無性に食べたくなる、地味だけど滋味な一品、おすすめです。

煮汁を含んだとろとろなす。
あつあつでも、冷やしてもおいしい

# なすの煮びたし

レンジ6分 　 おふくろの味 　 おつまみ

## 材料 (作りやすい分量)

なす … 2本
サラダ油 … 大さじ1

A
おろししょうが … 小さじ1
水 … ¾カップ
しょうゆ … 大さじ2
みりん、砂糖 … 各大さじ1
和風だしの素 (顆粒) … 小さじ1

削り節 … 適量

## 作り方

1 なすは縦半分に切り、皮に7〜8mm幅の斜めの切り込みを入れてサラダ油をまぶす。

2 耐熱容器にAを入れて混ぜ、1を皮を下にして並べ入れる。ふたをして電子レンジで6分加熱し、そのまま冷ます。器に盛り、削り節をのせる。

**揚げなすよりあっさり。そうめんと合わせても**

煮汁を吸ったとろとろのなすの煮びたしも加熱6分。ほんの少しの油でなすをコーティングしておくと、色も味わいもグッとそそる仕上がりに。揚げるより断然あっさりしているから、たっぷり食べられます。そうめんと合わせてもおいしい！

## お弁当にも便利な THE 常備菜。
## 飽きの来ないおいしさの
# ほうれん草のごまあえ

`レンジ3分` `おふくろの味` `お弁当`

**材料**（作りやすい分量）

ほうれん草 … 1束 (200g)

A │ 白すりごま … 大さじ2
A │ しょうゆ、みりん … 各小さじ1
A │ 砂糖 … 小さじ½

**作り方**

**1** ほうれん草は5cm長さに切り、耐熱容器に入れ、ふたをして電子レンジで3分加熱する。たっぷりの冷水を加えて冷まし、しっかりと水けをしぼる。

**2** あいた**1**の容器に**A**を入れて混ぜ、ほうれん草を加えてあえる。

**小料理屋みたいな上品小鉢**

もう一品、何かほしいときに重宝するごまあえ。ほうれん草はゆでずに電子レンジで加熱すれば、栄養が損なわれにくいだけじゃなく、お湯を沸かす時間も省けて一石二鳥。食感もほどよく、まるで小料理屋みたいに仕上がる、おすすめの小鉢です。

じゃがいもの加熱はレンジの得意分野。

粒マスタードがきいたおつまみサラダ

# 大人のポテサラ

レンジ5分　おつまみ

### 材料（1人分）

じゃがいも … 小2個（200g）

玉ねぎ … 1/8個

ベーコン … 2枚（30g）

スライスチーズ … 1枚

ゆで卵 … 1個

A ｜ マヨネーズ … 大さじ1と1/2
　｜ 粒マスタード、酢、砂糖
　｜ 　… 各小さじ1
　｜ 塩、粗びき黒こしょう
　｜ 　… 各少々

### 作り方

**1** じゃがいもは皮をむき、ひと口大に切る。玉ねぎは縦に薄切りにする。ベーコンは1cm幅に切る。合わせて耐熱容器に入れ、ふたをして電子レンジで5分加熱する。

**2** じゃがいもがやわらかくなったら、熱いうちにフォークなどでじゃがいもをつぶす。**A**を加えて混ぜる。

**3** チーズをちぎり入れ、ゆで卵を加えてざっとほぐしながら混ぜる。

**面倒なポテサラをレンジで一気に仕上げるレシピ**

ポテサラは意外と時間がかかる面倒な料理。そこで電子レンジで一気に仕上げるレシピをご紹介します。じゃがいも、玉ねぎ、ベーコンを切ってチンして混ぜるだけ！　これなら毎日でも作れますね。食べごたえもアリ。

ほっこりした甘さがうれしいひと品。
シンプルだけど奥が深い

# かぼちゃの甘煮

レンジ10分 | おふくろの味 | ヘルシー

**材料**（1人分）

かぼちゃ … 150g

A | 水 … ½ カップ
　 | みりん、しょうゆ … 各大さじ1
　 | 砂糖 … 小さじ2

**作り方**

**1** かぼちゃは種とわたを取り、ひと口大に切る。

**2** 耐熱容器にAを入れて混ぜ、**1**を皮を下にして加える。ラップで落としぶたをし、ふたをして10分加熱する。そのまま10分ほどおく。

　**昔ながらのかぼちゃの煮ものをレンチンで**
　定番のかぼちゃの煮ものも電子レンジで簡単に。煮くずれしすぎずほくほく、角が取れ
　たまあるい味の煮ものが短時間で作れます。あるとやっぱりほっとするひと品。栄養
　たっぷりのかぼちゃは、野菜不足を感じたときにもおすすめです。

## 彩りのいい万能副菜。
## 韓国風だけど、どんなおかずにも合う
# 3色ナムル

レンジ3分 ｜ おつまみ ｜ お弁当

**材料**（作りやすい分量）

豆もやし … ½袋（100g）

にんじん … 5㎝（50g）

小松菜 … ¼束（50g）

酒 … 大さじ1

塩 … 少々

A ｜ おろしにんにく … 小さじ½
｜ ごま油 … 大さじ1
｜ 塩、鶏ガラスープの素（顆粒）
｜ … 各小さじ½
｜ こしょう … 少々
｜ 白いりごま … 適量

**作り方**

1 にんじんは細切り、小松菜は5㎝長さに切る。

2 耐熱容器に豆もやし、1を入れ、酒、塩をふってふたをし、電子レンジで3分加熱する。粗熱が取れたら水けをしぼり、Aを加えて混ぜる。

**弁当、おかず、おつまみと日々とても助かる**

お弁当の彩りおかずとしても便利なこの3色ナムル。どんなおかずにも合うし、栄養もばっちり！ おつまみにもなるようににんにくを加えているけれど、お好みで入れても、入れなくても。日々とても助かるレシピです。

# ほっこりスイーツとふわふわパン

のんびりティータイムに、さわやか朝ごはんに

# 家にあるものばかりで作れちゃう
# 失敗なしのレンジケーキ
# なめらかチョコケーキ

レンジ1分30秒→3分 | おやつ

**材料** (18cm四方1個分)

**板チョコレート** … **2枚** (100g)
**バター** (食塩不使用) … **40g**
**砂糖** … **大さじ3**
**卵** … **2個**
**薄力粉** … **大さじ2**
**ミックスナッツ** (有塩) … **適量**

**作り方**

**1** 耐熱容器にチョコレートを割り入れ、細かく切ったバターを加え、ふたをして電子レンジで1分30秒加熱してなめらかに混ぜる。

**2** 砂糖を数回に分けて加え、そのつど泡立て器で混ぜる。溶きほぐした卵を少しずつ加えてさらに混ぜる。薄力粉をふり入れてゴムべらで混ぜる。表面をならし、ナッツを散らす。

**3** ふたをして電子レンジで3分加熱する。そのまま冷まし、食べやすく切る。

### ぐるぐる混ぜてチンするだけ！

チョコケーキだってレンジにおまかせ。材料も家にあるものばかりだし、ぐるぐる混ぜてチンするだけなら、子どもだって作れそう。トッピングのナッツはおつまみ用の塩けのきいたものがよく合い、食感のアクセントにもなって、なかなかいい仕事をしてくれます。

# 生地の主材料は3つ。
## シンプルイズベストな
# なつかしプリン

オーブン45分 おやつ

※オーブン用耐熱容器については10ページを参照。

## 材料（4人分）

卵 … **3個**
牛乳 … **2カップ**
砂糖 … **80g**
バニラエッセンス … **少々**
メープルシロップ … **適量**

## 作り方

**1** ボウルに卵、砂糖を入れて泡立て器でよく混ぜ、牛乳、バニラエッセンスを加えてさらに混ぜる。

**2** オーブン用耐熱容器に**1**をざるでこしながら入れ、ふたはせずにオーブンの天板にのせる。天板に2cmほどの高さの熱湯を加え、160℃に予熱したオーブンで45分焼く。粗熱が取れたら冷蔵庫で冷やす。

**3** 器にすくい入れ、メープルシロップをかける。

### 卵たっぷり、やさしい甘さのなつかしプリン

子どものころにひとり占めして食べたかったプリン、大人になった今なら、可能です。シンプルな材料で、だれが作ってもおいしくできる黄金レシピ。卵たっぷり、やさしい甘さの昔ながらのプリンは、子どもたちはもちろん、大人たちも笑顔にする力があります。

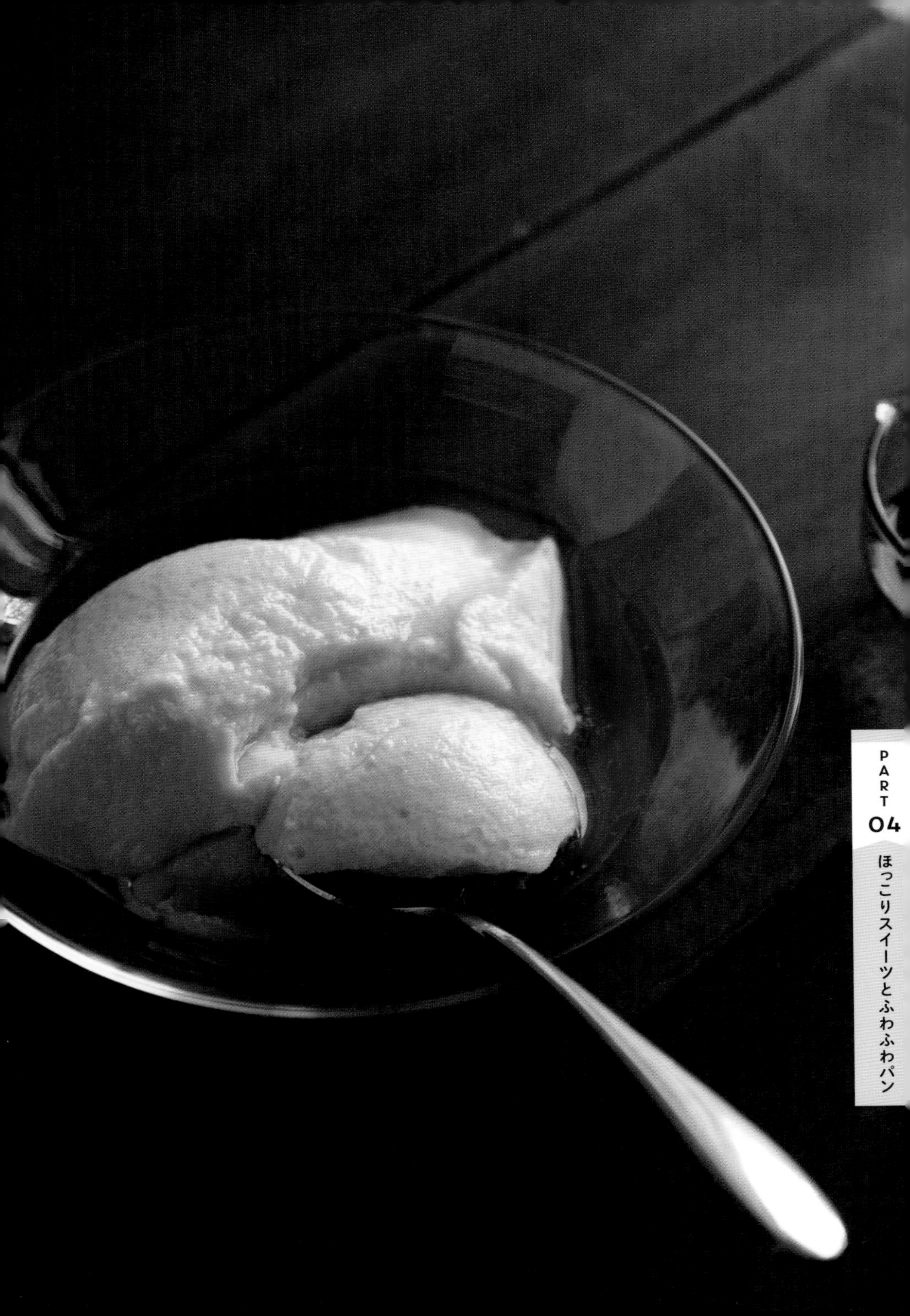

## 朝食、おやつに最適。
## ふわふわ食感がたまらない
# フレンチトースト

レンジ1分→2分　　おやつ

**材料**（4人分）

食パン（4枚切り）… 1枚

A｜卵 … 1個
A｜牛乳 … ¾カップ
A｜砂糖 … 大さじ2

バター … 10g

砂糖 … 小さじ1

メープルシロップ … 適量

**作り方**

**1** 食パンは4等分に切り、フォークで全体に穴をあける。

**2** 耐熱容器に**A**を入れて卵を溶きながらよく混ぜ、ふたをして電子レンジで1分加熱する。**1**を入れて卵液をからめ、5〜10分おく。

**3** バターをのせて砂糖をふり、ふたをせずにさらに2分加熱する。器に盛り、メープルシロップをかける。

**フレンチトーストが短時間でパパッと完成！**

有名ホテルのシェフのフレンチトーストは、たくさんの卵を使い、卵液を24時間ひたして焼くそう。それ、絶対おいしいでしょう！　でも、そんなに時間をかけなくてもおいしく作れます。朝起きて無性に食べたいとき、驚きの吸引力でしみしみ、ふわふわに仕上がりますよ。

# いつかは本場で！それまではお手軽レシピで
## 台湾風豆花（トウファ）

レンジ5分30秒　おやつ　ヘルシー

**材料**（2〜3人分）

豆乳 (成分無調整) … 2と½カップ
砂糖 … 大さじ2
ゼラチン (ふやかさずに使える顆粒タイプ) … 5g
ゆであずき、マンゴー (缶詰) など
　… 各適量

**作り方**

**1** 耐熱容器に豆乳、砂糖を入れて混ぜ、ふたをして電子レンジで5分30秒加熱する。

**2** ゼラチンをふり入れて混ぜ、ゼラチンを完全に溶かし、粗熱を取る。冷蔵庫で3時間以上冷やしかためる。

**3** スプーンなどですくって器に盛り、ゆであずき、マンゴーをのせる。缶詰のシロップをかける。

### やさしい甘さがうれしい、人気の台湾スイーツ

台湾で人気の豆乳プリン風デザート。素朴で罪悪感のない (笑) スイーツです。本場の味にはかなわないけれど、甘ずっぱくて、ぷるるんとした食感がたまりません！トッピングはお好みで。

## いつかは手作りしたい人に。
## 極限まで手間を省いた
# こねないパン

[ レンジ20秒→20秒→20秒 ]　[ オーブン15分 ]　[ 手作りパン ]

※オーブン用耐熱容器については10ページを参照。

**材料** (約18cm四方1個分)

強力粉 … 200g

A
| 水 … 70mℓ
| 砂糖 … 10g
| インスタント
| 　ドライイースト … 3g

B
| 牛乳 … 60mℓ
| 塩 … 4g

サラダ油 … 7g

強力粉 (打ち粉、仕上げ用)
　… 適量

**作り方**

**1** 耐熱容器にAを入れて混ぜ、ふたをして電子レンジで20秒加熱する。ボウルにBを入れて混ぜる。

**2** 1の耐熱容器に強力粉を加え、ゴムべらで混ぜ、Bを少しずつ加えながら混ぜる。粉っぽさがなくなったらサラダ油を加え、均一に混ぜる。形を整え、ふたをして電子レンジで20秒加熱する。そのまま室温に45分おく。

**3** 打ち粉をした台に取り出し、打ち粉をした手で形を整える。2の耐熱容器の内側に強力粉をふり、生地を入れ、ふたをして電子レンジで20秒加熱する。そのまま室温に40分おく。

**4** 生地に強力粉を薄くふり、オーブン用耐熱容器に入れ、ふたをせずに220℃に予熱したオーブンで15分焼く。

**難しい作業は一切なし！　失敗の少ないパンレシピ**
あこがれの手作りパン。でもこねるのも発酵も難しそうだし、私にはムリ……？　という人にぜひ試してほしい「こねないパン」。難しい作業は一切なし！　生地はゴムべらでぐるぐる混ぜて、発酵も電子レンジ管理、失敗の少ないレシピを考えました。ほかほかの焼きたてパンのおいしさを、ぜひ体験してみてください。

［著者］
坂口もとこ（さかぐち・もとこ）
料理家・フードビジネスコンサルタント
国際線客室乗務員を経て、製パン、料理の各種スクールにて学び、料理家として独立。料理教室開催、イベントでの講師、講演活動、料理書籍出版ののち2016年にフードコンサルティング会社を設立。現在は、食に関わる商品開発やメニュー開発を中心に、食のブランディングのコンサルタントとして実践プロデュース業務を行う。ワーキングマザーとして日々の食卓の難しさに悩んだ経験をもとに、「ライフスタイルや時代の変化に即した料理とは何か」をテーマとして力を注ぐ。

Motti＆Benton Food Consulting　https://www.mottibenton.co.jp/

バラバラ家族のぬくもりごはん

2024年3月5日　第1刷発行

著　者──坂口もとこ
発行所──ダイヤモンド社
　　　　　〒150-8409　東京都渋谷区神宮前6-12-17
　　　　　https://www.diamond.co.jp/
　　　　　電話／03·5778·7233（編集）　03·5778·7240（販売）
装幀────田村梓(ten-bin)
本文デザイン·DTP──梅井靖子、横地綾子（フレーズ）
撮影────澤木央子
イラスト──林ユミ
料理アシスタント──江口恵里子
校正────星野由香里
製作進行──ダイヤモンド・グラフィック社
印刷────勇進印刷
製本────ブックアート
編集協力──久保木薫
編集担当──中村直子